Daniel Suckert

KOMMISSAR PROHASKA: "WELTSTADT" INNSBRUCK

10 humoristisch-skurrile Kurzgeschichten

pyjamaguerilleros*

Daniel Suckert

KOMMISSAR PROHASKA: "WELTSTADT" INNSBRUCK

10 humoristisch-skurrile
Kurzgeschichten

Mit einem Vorwort
von Harald Haller

*pyjamaguerilleros**

Über den Autor Daniel Suckert:
Geboren 1980 in St. Johann in Tirol. Er arbeitet als Sportjournalist bei der *Tiroler Tageszeitung* und schreibt gegenwärtig an seiner Diplomarbeit (Psychologie). Künstlerisch tätig ist der Innsbrucker seit 2007 als Kabarettist, Autor und Maler. Seit 2009 kickt er im österreichischen Fußball-Literatennationalteam.

Solokabarett:
Ich, Du, Er, Sie, Es - Gestatten: Einfach Wir, 2007
Abseits der Liebe, 2010

Autor, Regisseur, Hauptdarsteller:
Kommissar Prohaska - Fall 1 (Szenische Krimi-Kabarett-Lesung), 2008
Kommissar Prohaska - Fall 2 (Szenische Krimi-Kabarett-Lesung), 2009

Produzent:
Der lange Abend des Tiroler Kabaretts Vol. 1, 2009
Der lange Abend des Tiroler Kabaretts Vol. 2, 2010

Web: suki.twoday.net

Zum Inhalt:
Das fiktive Ermittlerduo Kommissar Prohaska und Inspektor Maier hat Autor Daniel Suckert bereits in Form von zwei Krimi-Kabarett-Lesestücken erfolgreich auf die Bühne gebracht. Die beiden Stücke „Fall 1 - Der Tibeter mit der Stricknadel" (2008) und „Fall 2 - Delirium Demenz" (2009) wurden bereits zwanzig Mal in Österreich aufgeführt. Für das Jahr 2011 ist das dritte Stück dieser Cognac & Biskotten - Reihe geplant. Lesende bzw. Hauptdarsteller sind u.a.: Der Koschuh, Thomas Schafferer (Co-Autor, Kreativdirektor) und Daniel Suckert.

Mit *Kommissar Prohaska: „Weltstadt" Innsbruck* tritt das unkonventionelle Kriminalistenduo erstmals in einem Taschenbuch in Erscheinung, genauer gesagt im Rahmen von 10 humoristisch-skurrilen Kurzgeschichten.

Die Handlungen und Charaktere in diesem Buch sind frei erfunden. Jede Ähnlichkeit mit lebenden oder verstorbenen Personen ist unbeabsichtigt. Hier würde der Zufall Regie führen.

Dieses Buch ist drei Menschen gewidmet:

Meinem Vater Karl-Heinz, der mir immer mit Rat und Tat zur Seite steht...

...meinem Cousin Anton, mit dem ich die schönste Zeit meiner Jugend verbracht habe...

...und Bianca, durch deren Weggang sich erst die Türe zur Kunst in meinem Leben geöffnet hat.

Bibliographische Informationen der Deutschen Bibliothek:
Die Deutsche Bibliothek verzeichnet diese Publikation in der Deutschen Nationalbibliographie; detaillierte bibliographische Daten sind im Internet unter htp://dnb.ddb.de abrufbar.

Kommissar Prohaska: „Weltstadt" Innsbruck.
10 humoristisch-skurrile Kurzgeschichten

Edition:
`pyjamaguerilleros*`
Mitterweg 115/25
A-6020 Innsbruck

Vorwort: Harald Haller (Die Schienentröster)
Korrektorat: Mag.[a] Judith Gorbach
Co-Ideengeber: Mag. Thomas Schafferer
Cover/Gestaltung/Satz/Grundlektorat: Kulturrebellen Productions
Herstellung: Books on Demand GmbH, Norderstedt

Autorenfoto S. 4: Mag. Mario Webhofer / Kulturrebellen Productions

Ein ganz besonderer Dank gilt Thomas Schafferer und Judith Gorbach.

Nr. 10 der Reihe
`pyjamaguerilleros*`

ISBN 978-3-9503021-0-3

Innsbruck 2010

* *Kleinverlag von Cognac & Biskotten - Dem Literaturclub mit dem Woh-Aha-Effekt - www.cobi.at*

Was war VOR- dem -WORT?

Tja, ich habe eigentlich keine Ahnung, warum gerade ich gebeten wurde, dieses Vorwort zu schreiben... Entweder haben alle, die man vor mir gefragt hat abgewunken, oder - ja, ich weiß auch nicht.
Sie merken schon, ich bin nicht unbedingt der Typ, den man ein Vorwort schreiben lassen sollte. Schon gar nicht in einem ersten Buch... na ja.
Ich hab da mal eine Frage: Was schreibt man überhaupt in einem Vorwort - besser noch, was ist ein Vorwort? In der Bibel steht ja „Im Anfang war das Wort".
Aber vor dem Wort - was war da? Nichts? Pfeifen? Grunzen? Stöhnen? Oder doch ein kurzer Liebesakt? Schließlich kann nur was entstehen, wo reichlich Liebe ist.
Da wird der Papa aber geschaut haben, wie die Hebamme kam und sagte: „Es ist ein Wort!"
Das ist jetzt schon ziemlich philosophisch...
Puh - ich glaub das wird nix mehr mit einem eloquenten und semantisch güldenen Vorwort; und so überlasse ich den Platz jemandem, der das mit den Worten besser kann:
Suki - Bitte!!!

So - das war zwar nicht Rilke, aber dafür kurz (den Satz hab ich übrigens jetzt auch noch von Helge Schneider geklaut...).

Dieses Buch ist mit dem **halben Schienentröster Gütesiegel** ausgezeichnet.

Harald Haller

Kabarettgruppe: Die Schienentröster / www.schienentroester.com

INHALT:

FRUEHLINGSERWACHEN

SOMMERHITZE

HERBSTWIND

WINTERKAELTE

PROLOG:

Salz und Pfeffer - gegensätzlich und doch sind diese Gewürze niemals getrennt voneinander zu finden. Kein bisschen anders geht es bei der Mordkommission der Innsbrucker Polizei zu. Es poltert der Kommissar, wenn der Inspektor vor sich hin träumt. Es grinst der Wiener, wenn sich der Tiroler den Fuß am Tisch stößt. Es raunzt der Prohaska, wenn der Maier in einem hellen Moment erfolgreich kombiniert. Und so sehr sich das würzige Duo Prohaska/Maier auch beschimpft, beflegelt oder verflucht, schlussendlich geht es doch, durch ihr Schicksal vereint, gemeinsam durchs Leben. In der "Weltstadt" Innsbruck.

Die Protagonisten:

Der Kommissar Prohaska:
Ja, ja, der Wiener Kommissar Prohaska war ein gezeichneter Mann, der schon einige Schicksalsschläge mit seinen 45 Jahren erlebt hatte. Da war die unangenehme Sache mit seinem Vater Kurt, der zu Lebzeiten als Gärtner gearbeitet hatte. „Wie host du nur zu de Kieberer gehen können“, schimpfte der Hobbyphilosoph jahrelang bis zu seinem Tode. Er hatte dem Sohnemann nie verziehen, dass er nicht in die grünen Fußstapfen seines Vaters getreten war. Dafür liebte Mama Prohaska ihren einzigen Sohn kritiklos. Und hat heute noch immer eine Sachertorte für ihren Sprössling parat, wenn er sich doch einmal in Wien blicken lässt.
Dann war da noch der berufliche Schicksalsschlag, der auf's Gemüt drückte. Die Strafversetzung von Wien nach Innsbruck vor knapp zwei Jahren. Aber was hätte der damalige Vorgesetzte von Prohaska

anderes tun können? Nichts. Prohaska stand vor der Lösung eines brisanten Falls: Mord im Rotlichtmilieu. Darin verwickelt war ein russischer Diplomat, dem auch Kontakte zur Mafia nachgesagt wurden. Und als der Prohaska ihm auf die Pelle rückte und ihn aus dem Verkehr ziehen wollte, jubelte ihm der Russe einen Patzen Falschgeld unter. Die Entlassung des 45-Jährigen konnte abgeschmettert werden, dafür blieb ihm die lange Zugfahrt in die Tiroler Hauptstadt nicht erspart.
Und dann war da noch der dritte Schlag: seine Jugendliebe Monika. Mit der war alles immer so schön und unkompliziert - in der Jugend halt gewesen. Denn dann leidete sie gehörig unter dem beruflichen Tatendrang ihres Prohaskas und befürchtete ein schlimmes, ja vielleicht sogar tödliches Ende. Es kam zum Ultimatum: Job oder Liebe. Alles endete tränenreich mit ihrer alleinigen Abreise nach Budapest.

Der Inspektor Maier:
Dann ist da noch der Inspektor Maier: Witzig, lebensfroh und voller Tatendrang. Also das war er einmal. Heute trägt der 42-jährige Innsbrucker die Last einer gescheiterten Ehe mit sich. Seine Ex-Frau die Swetlana zehrte nicht nur an seinen Nerven. Sieben Jahre Eheglück - zu mehr sollte es nicht reichen. Und als die Tschechin von heute auf morgen die Staatsbürgerschaft bekam, war es um die traute Zweisamkeit geschehen. „Hab i genug von dich", meinte sie damals. Das nächste Mal hörte er erst wieder von ihr, als sie ihm die Scheidungspapiere schickte. Unterschrieben hat er diese bis heute noch nicht.
Gleich danach begann der Tiroler zur Ablenkung Extremsport zu treiben: Zuerst morgendliche Berg-

läufe auf den Innsbrucker Hausberg Patscherkofel. Danach wechselte der Maier auf das andere, weniger schweißtreibende Extrem: Musik machen und malen.
Zur Polizei war der Innsbrucker eigentlich nur gegangen, weil er bei einem Zeltfest eine Wette gegen einen Freund verloren hatte. Ursprünglich hätte Maier ja die Metzgerei seiner Eltern übernehmen sollen. Doch bei der Polizei auf den Geschmack gekommen, verkaufte er den Betrieb nach dem Tod seiner Eltern. Der größte Erfolg seiner bisherigen Karriere war der Aufstieg zum Inspektor. Drei Anläufe hatte er dafür vor eineinhalb Jahren benötigt.

Die wichtigsten Nebenfiguren:

Profiler Dr. Thomas Wühler:
Der Wühler stellt ein eigenes Kapitel bei der Polizei dar. Der gebürtige Tiroler absolvierte in Innsbruck seine Grundausbildung inklusive Psychologie-Studium und ging danach in die USA, um dort sein Handwerk zu perfektionieren. Zurück in Österreich ging er nach Wien, wo der Tiroler zum Star und Bestsellerautor aufstieg. Denn seine beiden Bücher „In Welten vordringen“ und „In Welten vorgedrungen“ hatten dem kleinen Tiroler Verlag *pyjamaguerilleros** viel Freude eingebracht. Geld leider keines, weil der Wühler ein gutes Händchen in Sachen Verträge bewies.
Über die Kindheit des Profilers gibt es viele Gerüchte, aber wenige autobiographische Fakten. So spottet man in Wien, dass der Doktor von einer Hexe in den Tiroler Bergen aufgezogen worden sei. Damit versucht man sich die hellseherische Aura des Wühlers zu erklären. Obwohl seine Erfolge meist nur durch König Zufall zustande kamen.

Chef der Mordkommission Josef Engelsmann: „Gott zum Gruß", so grüßt der Engelsmann. Der Chef der Mordkommission ist ein tiefgläubiger Katholik, der jeden Sonntag und Dienstag den Gottesdienst mit seiner Familie besucht. Seine Nähe zum heiligen Vater schlägt sich auch auf seine Sprache nieder. Und so führt er seine Schäfchen wie ein Hirte und versucht stets das Böse zu vertreiben.

FRUEHLINGSERWACHEN

Stinkende Harmonie

„Wos is gelb und konn ned schwimmen?", fragte Kommissar Prohaska seinen Tiroler Kollegen Inspektor Maier, während ihrer Dienstfahrt durch die Tiroler Landeshauptstadt an diesem Samstagmorgen, mit einem breiten Grinser auf den Lippen. „Des isch mir so wås von Wurscht", antwortete Maier genervt von den dauernden Antiwitzen seines Partners. „A Bagger. Und waaßt worum? Er hot nur einen Arm", brach der Wiener in gellendes Gelächter aus. Der Inspektor schüttelte nur den Kopf. Für diese Witze ohne verständlichen Höhepunkt hatte der Tiroler nicht viel übrig. Das wusste der Wiener Kommissar mittlerweile nur allzu gut.
Eineinhalb Jahre war er nun schon an der Seite des Inspektors. Eineinhalb Jahre lebte der Prohaska gezwungenermaßen in Innsbruck. Überarbeitet hatte sich der Wiener seither nicht mehr. Das war aber auch im Eigeninteresse des Kommissars. Der unfreiwillige Wechsel in den Westen hatte kräftig an der Motivation genagt. Das schlug sich gleich an der Anzahl der gelösten Fälle nieder. Das Duo Prohaska/Maier schwankte immer zwischen nichts und gar nichts. „Soll i mi so kurz vor der Pension no hin måchn? Na. De nächsten zwanzig Johr muss i a bisserl leisertreten", gab Prohaska ehrlich zu.
Aber der mangelnde Humor in diesen Breitengraden machte es dem Wiener nicht einfacher, sich endlich heimisch zu fühlen. „Die Tiroler wissen hoit ned, wia da Schmäh rennen muss. Eh klar, sie segn ja nur Berge. Egal, in welche Himmelsrichtung sie schaun. Norden, Westen, Osten, Süden - Berge, nix außer Berge. Wer soll des aushoiten?"
Der heutige Blick auf den wolkenverhangenen Patscherkofel drückte um ein Stückchen mehr auf's

Gemüt. Seit Tagen regnete es in der Landeshauptstadt. „Wenigstens da April hot a bisserl an Humor. Regen, Sonne, Regen - der låcht se ans“, dachte sich der Prohaska schmunzelnd. Doch das schlechte Wetter brachte einen unangenehmen Nebeneffekt mit sich. „I konn den Fritzl ned segn, weil ollawei wonn's nass is, dann schlåft der Trottel ja lieber im Käfig.“
Ja der Fritz, der Braunbär im Alpenzoo, war der einzig wahre Freund des Kommissars. Eine 342 Kilogramm schwere Freundschaft. Natürlich inklusive Prohaska versteht sich. Der Wiener war, wie der Bär, in der Blüte seines Lebens. „Da Fritzl versteht mi, eh klar. Wir zwa habn wos gemein: Wir san am falschen Ort eingsperrt. Er im Käfig und i in Tirol. Oba es gibt Schlimmeres. Stell da vor, du kummst ois Negerkind in Afrika auf die Welt, tragst a Leben lang dein aufblähten Hungerbauch vor dir her und muaßt tagtäglich ollawei nur a einzige Såch tun: überleben.“
Die tristen Gedanken beiseite geschoben, streichelte sich der Wiener über den eigenen Bauch. Es zwickte schon wieder. „Himml, Oasch. De Morgentschik auf nüchternen Magen vertragst anfoch ned, des is gwies“, schimpfte ihn seine innere Stimme. Eigentlich wollte er ja schon länger das Rauchen aufgeben: „Oba dann friss i ollawei so viel und dann find i goar ka Frau mehr.“ Obwohl ihm auch das egal wäre. Die große Liebe wird er in diesem Leben nicht mehr finden, davon war der 45-Jährige felsenfest überzeugt. Ihm reichte das Trauerspiel mit seiner Monika für den Rest seiner Tage. „Liebe? Des is de angenehme Form der Paranoia“, flüsterte er zynisch zu sich selbst. „Oba a klane Liebe würd mir a ned schåden.“

Der rote Audi passierte die alte Hungerburgtalstation, die verlassen und einsam seit vier Jahren vor sich hinvegetierte. „Maier, host du gwusst, dass sie de Hungerburgstation dreimal umbaut hobn, bevor die Neue ausm Boden gstampft worden is?“, wollte er den Inspektor prüfen. „Na, des interessiert mi nit“, erwiderte der Tiroler unfreundlich. „Typisch. Es jungen Hupfer passts gonz und goar in die Wegwerfgesellschaft. Olles, wos oid is, muss weg und durch a postmodernes Glump ersetzt werdn.“

„Geh loss mi decht in Ruah, du Weltverbesserer. Die neue Bahn isch jå viel besser. Des Neueste vom Neuen und no dazu håt des der Stardesigner, der Zaha, do baut. Der håt bei uns schu die Bergisel-Sprungschanzen aufgstellt. A fähiger Bursch“, überraschte Maier den Kommissar mit seinem Wissen. „I bin beeindruckt, Maierl. Is des der Zaha von dem Modelåden in dem Einkaufszentrum DEZ, oda?“

„Des kunn schu sein. Oder hoaßt des nit Zara?“

„Na, Zaha, glaub i. Dann steht der Herr Zaha untertågs hinter der Budl im DEZ und in der Nacht architektiert...na...malt der dann eure Wahrzeichen, oda wos?“

„Jå, genau. So isch des.“

„Jessasmarantjosef, jetzt haut's mi oba dann auf die Rückbånk. I hob goa ned gwusst, dass es Tiroler die Ressourcen so guad bündeln könnts. Wia de Piefke.“

„Des liegt sicher an unsere Gene. I glab, die Germanen wåren zur Asterix-Zeit do bei uns. Und mei Oma håt immer schu gsågt, dass deutsches Blut in unsern Ådern fliaßt.“

„Des klingt plausibel.“ Aber war falsch. Weder Asterix noch die Germanen noch die Zara-Mode hatten etwas mit dem Bau, der Organisation, noch mit der Konstruktion der Innsbrucker Hungerburgbahn zu tun. Egal, beim Polizisten-Duo herrschte einen momentlang Harmonie pur. Der professionelle Akt des Wissensaustauschs hatte dies ermöglicht.

Doch nicht lange. Denn schon wieder gähnte der Maier beim Autofahren. Diesmal auf der Haller Straße, wo zu Prohaskas Ärger der Tiroler immer einen flotten 80er auf dem Kilometertacho aufleuchten hatte, statt der erlaubten 60 km/h. „Heast, bitte schau auf die Stroßn. I wü ned in am Bus enden wia da Falco und into the dark marschiern“, echauffierte sich der Prohaska, als er zum wiederholten Male den sinkenden Konzentrationspegel des Inspektors feststellte. „Um di wärs eh nit schod“, schnauzte ihm der Tiroler zurück, gleichzeitig seine Hände wieder auf die vorschriftsmäßige Zehn-vor-zwei-Position setzend. „Na eh ned. Oba um di. Weil, dann hätt de Ex nix mehr von dir. Zumindest finanziell“, legte Prohaska noch ein weiteres Scheit ins Feuer.

Das war hart. Und es war untypisch, dass sich bei Prohaska doch auf den Punkt die Moral zu Wort meldete. Zumindest, wenn man das vorherrschende Tiroler Vorurteil kennt: „Die Flåchlandler håbn koa schlechtes Gwissen, sondern den Andreas Hofer am Gwissen, weil sie nix getun håbn, wo wir sie braucht hattn.“ Nicht bei Prohaska: „Des woa jetzt scho a bisserl über die Stränge.“ Dem aufkommenden, unguten Gefühl sollte gleich Einhalt geboten werden: „Na, na. Da Storke überlebt den Schwachn oda wia i ollawei sog: Wer im Recht is, der teilt a aus. Darwin Theorie Volume 2.0, made by Prohaska. Und gusch.“

„Ålm da James Dean, geh? Ålm an beleidigenden Spruch auf Låger“, wirkte der Tiroler etwas gekränkt. „Mei Schneewittchen fangt zum wana o", sang Prohaska mit boshaftem Unterton. Weinerlich brauchte ihm der Maier schon gar nicht zu kommen. Das wäre ja exakt das Gegenteil von dem Wiener Vorurteil: „Des sture Bergvolk is härter wia a jeder Eisberg. Wär de Titanic gegen an Tiroler tuscht, wär sie ned in zwa Stund, sondern in fünfzehn Minuten untergangen." Folglich konnte die Flucht vom Maier ins Weinerliche nur eine schauspielerische Einlage sein.

James Dean? Bei diesem Namen begannen die Hirnwindungen des 45-Jährigen kräftig zu arbeiten. „Eh klar", freute sich der Wiener, als ihm eine längst vergessen geglaubte Theorie wieder einfiel. Ja, ja, der Prohaska war nicht untätig geblieben in seinem Leben. Mit 30 Jahren, in seiner Blütezeit sozusagen, hatte der Sohn des Gärtners und Hobbyphilosophen Kurt Prohaska schon einige plausible Alltagstheorien entwickelt. Gut, Nobelpreis würde er für seine Vorstellungen wohl nicht bekommen, aber um die Beschränktheit seines Tiroler Kollegen etwas aufzulockern, dafür reichten sie allemal.

„Da James Dean is eh wieder so a Foll", begann Prohaska. „Wås Fåll? Do gibt's koan Fåll, du Hirsch."

„Da James Dean is a *ZRZG*", verkündete der 45-Jährige mit stolzem Blick. „Wos? Wia moansch iatz des?" Das war klar. Ein Tiroler Hilfeschrei folgte auf die Weisheit des Wieners. Es war Zeit geworden, dass der Professor in Prohaska das Mikro in die Hand nahm. „Geh mit eam in medias res", meinte die innere Stimme von Professor Prohaska.

Vor seinem geistigen Auge stand der Wiener auf einmal an einem Rednerpult in dem bis auf den letzten Platz belegten Saal des Stockholmer Konzerthauses. Der Nobelpreis für sein Lebenswerk „*ZRZG*" sollte ihm in wenigen Augenblicken überreicht werden. „Hoach zua und lern Maierl, da Professor spricht zu dir.“ Ein fragender Blick von Tiroler Seite erwiderte die Ansage des Professors. Kurz geräuspert. Kurz die Lippen befeuchtet. Im hirneigenen Wörterbuch nach Fachbegriffen gesucht und schon begann der wissenschaftliche Exkurs: „Heast Maier, du ahnungsloser Schlüsselwachtler. *ZRZG* haßt naturalmente: zur rechten Zeit gestorbn.“

Noch mehr fragende Blicke, noch mehr Kopfschütteln tauchten auf Tiroler Seite auf. „Deto Elvis, deto Falco, deto Alex der Große“, ließ sich der Kommissar von den Blicken aber nicht beirren. „Aha, des isch mir gonz neu, wås du da erzählsch“, antwortete der Maier. Keine Zeit für Zurückgebliebene, die Lehrstunde musste weitergehen. „Im Gegensatz zum *ZRNG*“, fügte der Wiener mit erhobenem Zeigefinger hinzu. „*ZRNG*? Isch sicher wieder lei a Bledsinn“, meinte Maier mit zusammengezogenen Augenbrauen. „*ZRNG*: zur rechtn Zeit ned gstuabn. Wia da Jackson, die Wachsfigur.“

Plötzlich herrschte totale Verwirrung auf Tiroler Seite und mit leiser Stimme fragte der Maier: „Wås da Jägger? Der Mick Jägger? Isch der schu unter der Erdn?“

„Na du Leimbeidl. Da Jägger is naturalmente ein *ZLVWWDSHIMA*: a *z*um *L*eben *V*erdammter, *w*ei *w*onn *d*er *s*tirbt, *h*äng *i* *m*i *a*uf.“

Pause. Luftholen. Durchatmen. Schweißperlen hatten sich auf Prohaskas Stirn gebildet. Der Professor war in seinem Element: „Mit *ZRNG* mein i den Jackson M-i-c-h-a-e-l. Der hot a bisserl z'spät im Luzi de Hånd greicht. A bisserl früher und er hätt se de Kindapartys erspårt.“

Stolz lächelte der Kommissar - der Professor in ihm hatte Großes geleistet. Und wie gut sich diese vergessen geglaubte Theorie anhörte. „Do konnst stolz sein, oida Fuchs“, lobte sich Prohaska selbst. „De Genialität, Oida. Ich brich nieder, wia du des dem Maier auftischt host. Do steigt dem Maier sei Intelligenz nur durchs Zuhören um zwanzig Punkterl.“ Was wäre nicht alles möglich gewesen, wenn der heutige Polizist damals an der Kreuzung nicht nach links zur Polizeischule, sondern zweimal rechts, dreimal links, weiter mit der U-Bahn, über die Rolltreppe hoch, zweimal links und dann wieder rechts zur Universität gegangen wäre. Nobelpreisträger Prohaska - es klang angemessen.

„Luzi? Wia moansch iatz des schu wieder?“ Eine Frage, die die Fiktion im Stockholmer Konzerthaus mit einem Schlag zerstörte. Zurück in Innsbruck, zurück im Dienstauto, dem roten Audi A4, der seine besten Tage längst hinter sich hatte. In dem Auto, dessen Keilriemen an jeder Kreuzung mit einem lauten Quietschen sein Leid von sich gab. Symbolisch für das Leid, das der Wiener mit seinem Tiroler Kollegen ertragen musste. „Wås isch iatz. Wås hoaßt im Luzi die Hand reichen. Hallo, schlafsch du?“

Träume sind Schäume, sagte sich der Prohaska. Da waren keine Zuhörer, die an seinen Lippen klebten und für die jedes gesprochene Wort wie eine futuristische Weisheit klang. Keine Zuhörer, die ihren Wissensdurst mit den gesprochenen Worten des Professors, ach was, des Heilands Prohaska stillten. Nein, neben ihm saß nur der Maier. „Beschränktheit hot a Gsicht, Maierle“, dachte sich der Wiener. „Megsch iatz nit amol erklärn, wås du moansch, ha?“ ...und auch eine nervige Tonlage.

Genervt von der Dummheit und Intoleranz machte sich Prohaska Luft: „Zum Petrus marschiern, mid'n 71er foahn, aushuastn - sterben, du Ungebüldeter.“

„Ha, i hun nit gwisst, dass Wienerisch wås mit Bildung zu tun håt. Mit deine Gschichtn kanntesch du echt an Zirkus aufmåchen. Clown Prohaska begrüßt Sie feierlich im Zirkus Zyankali, ha ha ha." Prohaska schüttelte seinen Kopf. Unwissenheit. Kurzsichtigkeit. Dummheit. Dem Maier war einfach nicht mehr zu helfen.

Minuten später bog der Audi in die Schützenstraße Richtung Olympisches Dorf. Prohaska blickte kopfschüttelnd auf die am Horizont erscheinenden Wolkenkratzer und meinte: „Ned zum Anschaun."

„Wås isch den schu wieder?", fragte Maier sichtlich genervt von den verwirrenden Anwandlungen des Wiener Grantlers. „Des O-Dorf. Ois Wolkenkråtzer mit System dahinter."

„I bereu's sicher, ober i frag trotzdem: Wås für a System?"

Und da war er wieder. Der Tiroler Hilfeschrei nach Wissen und Aufklärung. Nach einer Theorie von Professor Prohaska alias der Heiland. Zurück bei der Nobelpreisverleihung, zurück am Rednerpult im Stockholmer Konzerthaus. Die Menge tobte. Nach der *ZRZG*-Theorie sollte eine Ad-hoc-Analyse des Olympischen Dorfs in Innsbruck folgen, untermalt mit einem kurzen geschichtlichen Rückblick. Lehrstunde, zweiter Teil, Prohaska eröffnet mit den unverkennbaren Worten: „Hoach zua und lern Maierl. Erneut spricht da Professor Prohaska zu dir."

Kurz geräuspert. Kurz die Lippen befeuchtet. Und: „Die Höhe is bei de Häuser entscheidend, Burli." Ein Wiener Geniestreich war im Anmarsch. Doch der Schranken der Tiroler Beschränktheit blieb unten: „Du redesch echt nur mehr in Rätseln." Wenn nicht jetzt, wann dann würde der Maier an seinen Lippen kleben? Wenn nicht jetzt, wann dann würde der Maier das Genie in Prohaska erkennen? „Maierl, du Fallot. Wos fehlt in Tirol ollawei?"

„Neue Gastarbeiter?", antwortete der Tiroler wie aus der Pistole geschossen. Prohaska fühlte sich nicht ernst genommen. „Geh, hupf in Gatsch. Wohnungen sucht das Bergvolk ollawei, du Heimatloser."
„Heimat isch koa Ort, Heimat isch a Gefühl. Håt da Grönemeyer schu gsungen."
„Wer?"
„Da Herbert. Der Deitsche aus Deitschland."
Prohaska spürte, wie der Hass in ihm aufstieg: „Sog amoi, haben s' dir ins Hirnkastl einigschissn oda wos? I moch da a gratis Weiterbildung à la Humboldt für di und du bringst an Piefke ins Spiel?"
„Jå spinnsch iatz? Da Herbert isch Kunscht. Der philosophiert und singt - zwoa in oans."
„Ja sog amoi, du DJ Ötzi für Oarme. Bist du komplett deppat? Du konnst doch ned an Piefke die Daumen druckn. Mia müssn zamhoitn. Wir san Österreich und ned Piefkeland."
„Wir sein alle EU-Bürger und nit lei Österreicher, du Topfenschädl", wehrte sich Maier gegen die falsche Grenzensetzung des Wieners und fügte mit einem Blick voller Weisheit an: „Do fehlt dir da Weitblick, Prohaska." Der Wiener glaubte, seinen Ohren nicht zu trauen. Weitblick, futuristisch, globale Bewegung - das waren seine Begriffe. „No freili. Die super EU. Jetzt sitzt de Ferrero Waldner neben mia, oda?"
„Die hoaßn Ferrero Rocher, du Vollkoffer."
„Na guade Nocht. Na mit dir red i ja goar nemma. Du bist ja völlig unterm Hund. Na, EU schreien, oba di Kukident-Waldner ned kennen. Na, des schlagt ja ois", schrie der Kommissar. „Wås Kukident-Waldner? Wia moansch iatz des schu wieder?"
„Die Politikerin, de ollawei so lacht, ois tät sie in der Werbung für Kukident sitzn. Die haßt Ferrero Wal-

dner. Bei der gibt's nur die EU. Die wollt Bundespräsidentin werdn, allerdings mitn Hauptwohnsitz in Brüssel. Na, so a Mülchkindl wos du bist. Na, mit dir red i ja goar nemma."

„Isch ma eh lieber, mit deine komischen Ansichten."

„Geh gusch und fohr Taxla."

„Wien grüßt seine Bauern. Soll der Maier deppat sterben", dachte sich Prohaska. Zumindest einen Augenblick lang. Denn dann kam in ihm etwas Unbehagen auf. Seine O-Dorf-Theorie einfach in Schall und Rauch untergehen zu lassen, nein, das konnte nicht sein. Er blickte Maier an und grantelte: „Na, eben weist so deppat bist, erklär i da des. Weil genieren tu i mi nemma mit dir unter die Leut."

„Wås erklärn?"

„Des O-Dorf."

„Ma bitte, kunn i nit oanfach mei Ruah…?"

„…nein, du Blosfüßata. Sei froh, wonn dir da Professor Prohaska wos beibringt: Die Obagscheidn im Landtag habn damals scho gwusst, dass sie bei der Wohnungsnachfrage nemma fertig werdn. Drum haben s', logger vom Hogger, Olympia noch Innsbruck ghoit, etliche Wolkenkrätzer nebeneinander baut, dass ka einzelner Sonnenstrahl mehr durchkummt. Und heut haun sich regelmäßig de Schattigen vom Empire-Olympia-Building obi. So san ollawei wieder neue Wohnungen frei." Kurze Pause, kurzes Räuspern und es folgt der Weisheit letzter Schluss: „A sprichwörtliche Perpetuum-Wohn-Immobilie."

Applaus. Jubel. Standing Ovations. Die Zuhörer im Konzerthaus von Stockholm würden begeistert in die Hände klatschen und Professor Prohaska wortwörtlich den Hof machen. Mit einem Lächeln würde der Prohaska das Rednerpult verlassen und den

Nobelpreis in Händen halten. „Wås isch a Perpetum-Wohn-Dinx…also Immo…hålt des, wås du grod gmoant hosch?“, fragte Maier mit verstörtem Blick. „Maier, wie soll des mit dir nur enden? Du bist ja a Prototyp von am Dillo. Gott sei Dank konnst du ned über die Nobelpreisvergabe mitentscheiden“, sagte der Kommissar halblaut vor sich hin. „Nobelpreis? I kenn nur den Grant Preis der Volksmusik mitn Karl Moik und dem Waschti. Wobei der Daggel schu hin isch. Oder isch doch da Moik schu unter der Erdn? Koa Ahnung. Wurscht“, wischte der Tiroler diesen Gedanken beiseite. „Wos streichelsch denn dauernd dein Bauch?“

„Aufbläht bin i wia a Barbababa. Weil i ma in da Früh wieder a Genussstangerl genehmigt hab.“

„Du bisch so undiszipliniert Prohaska. Erschreckend isch des.“

„Jo und jetzt kummt a Lüfterl nach dem andern.“

„Na wenigstens riacht ma nix.“

„Weils Butterschas san. Do riecht ma nie wos.“

„Butterschas? Und wia hoaßn die gemeinen, leisen Stinker bei euch?“

„Des san de Eierschas.“

„Logisch! Des versteah a i iatz.“

„Eh klar, dass du de bei de Fäkalien wieder auskennst“, konnte der Kommissar wieder lächeln und fügte feierlich an: „In besonderer Anerkennung für die geleisteten Dienste in Sachen Fäkalien freu ich mich, Herr Maier, Ihnen den in Gold gegossenen Schas, vor all diesen Leuten, feierlich zu überreichen…“ Und für einen Moment lang genossen beide das fiktive Bild vor ihrem geistigen Auge und beide lasen die Schlagzeile: *Tobender Applaus brandete im Stockholmer Konzerthaus auf, als Heiland Professor Doktor Prohaska den Ehrenpreis an den Tiroler Schas-Experten Hermann Maier übergab.*

Zurück im alten Audi A4 breitete sich wieder Harmonie aus. Und wer genau aufpasste, konnte sie förmlich hin und wieder sogar riechen…

Verstehen Sie Hasi?

„Håsch es iatz glesen Prohaska?“, fragte Maier an diesem Sonntagmorgen den Prohaska enthusiastisch am Telefon. „Auf Seite 12 unten.“ Keine Reaktion folgte. „Hallo? Bisch no då?“, unterbrach der Inspektor das unbehagliche Schweigen. „Schrei ned so umanander in aller Früh, Spargeltarzan. Handy, Kaffee, Zeitung und dann no dei Geraunze im Ohr - wer hoit'n des aus?“, grantelte der Wiener. „Do is es eh: Didi Hallervorden in Innsbruck gesichtet. Nach einer unbestätigten Zeugenaussage soll sich gestern der deutsche Entertainer Hallervorden um 15:42 Uhr in der Maria-Theresien-Straße aufgehalten haben.“

„Sigsch Prohaska, wås so a kloaner Anruf von mir ålles bezwecken kann. Als Informant für die Zeitung war i ja unschlagbar.“

„Na freili. Du host ehrlich de brisantesten Gschichtln an der Angel. Do müssn se de Gangster woam anziehn, wonn du amoi die Fährte aufgnommen host. Moch so weiter, dann klärst du no des John-F.-Kennedy-Attentat auf.“

„Jå logisch“, freute sich der Tiroler, um nur Sekunden später zu fragen: „Wer ischn des?“

„A weitere tragische Figur in der Geschichte, mei Freund der Historie. Den hot des Andreas-Hofer-Syndrom ausglöscht: zuerst vergöttert, dann erschossen. Wuascht, is ned so wichtig. Erzähl ma lieber vom Hallervorden.“

„Okay“, antwortete Maier stolz. „Des wår so…“

Gewesen ist es eigentlich anders. Aber der Maier in seiner Naivität und mit dem Hang zur besonders eigenwilligen Weltanschauung hatte an diesem regnerischen Nachmittag Ende April in der Maria-Theresien-Straße die Ereignisse doch etwas abweichend erlebt. Es sei ihm jedoch verziehen. Schließlich war es das erste Mal, dass der Inspektor privat ohne Dienstwaffe und Ausweis herumschlenderte. Gewöhnlich legte er ja seine Dienstutensilien nicht ab. Und schon gar nicht seinen Ausweis. „Inspektor isch koa Beruf, sondern a Berufung", war Maier überzeugt.

Na ja, was noch nie war, kann ja ruhig einmal sein, dachte sich der Tiroler und setzte sich auf die Stufen der Annasäule. Der regnerische Tag, am Ende des Monats April, hatte so gar nichts Einladendes. Aber der Maier war ja generell eine Frohnatur. Zumindest hin und wieder, wenn er nicht an seine Ex-Frau Swetlana erinnert wurde. Die hatte den Maier ja so plötzlich verlassen. Nach sieben Jahren bester Ehe: „Des verdammte siebte Ehejåhr", schüttelte Maier seinen Kopf, als er darüber nachdachte. „Des sogn s' eh dauernd auf RTL und RTL Zwoa. Passts auf des siebte Jåhr auf - ober mir håben uns oanfach nit davor verstecken kennen."

Und so war es geschehen: Obwohl dies weniger mit dem Mythos des siebten Ehejahres zu tun hatte, mehr doch mit der Tatsache, dass seine tschechische Ex-Frau zu diesem Zeitpunkt die Staatsbürgerschaft bekommen hatte. „Auf amol wår sie wia ausgwechselt, die Schweti. Sie wollt nit amol mehr Fußball mit mir schaugn gehen." Nix mehr Fußball, nix mehr Gemüseauflauf - von heut auf morgen war sie weg. Die Scheidungspapiere hatte der Maier noch nicht unterschrieben. Zu groß war seine Hoffnung, dass sie wieder zurückkommen könnte. „Des isch sicher lei so a Phase. Kennsch eh die Weiber."

Maier blickte gedankenversunken auf die Annasäule. Die Verarbeitung der Vergangenheit hatte ein bisschen was vom Monopolyspiel: zweimal vorrücken, einmal aussetzen und dann eine Karte ziehen, die dich wieder zurück an den Start schickt. Und alles beginnt wieder von Neuem.

Doch seit zwei Monaten regte sich immer mehr Widerstand in ihm. Das Vergangene sollte endlich vergangen bleiben. Und seither setzte er sich in seiner Freizeit immer öfter in die Maria-Theresien-Straße: „Die Stråßn steht für Widerstånd. Då isch unser Hofer schon marschiert, nachdem er die Sau-Franzosen vorm Goldenen Dachl versohlt håt. Und nit zu vergessen, dort håben moderne Che Guevaras mit Farbanschläge gegen den Hilde-Zach-Brunnen protestiert. Des wår a Hetz."

Als der Tiroler so vor sich hin lächelte, ging eine Frau mit ihrer Tochter an der Hand ganz knapp an ihm vorüber. Das kleine, blonde Mädchen trug einen rosa Rucksack auf dem Rücken und eine silberne Krone im Haar. Mit einem unbeschwerten, kindlichen Lächeln auf den Lippen tänzelte sie um die vom Regen gebildeten kleinen Pfützen herum, während die Mutter in ihr Gespräch am Handy vertieft war.

„So a hübsches Madel. I wär a super Papa. Bei mir dürft die Prinzessin ålles måchen."

In diesem Augenblick fiel dem kleinen Mädchen ihr Stoffbär aus der Hand, ohne dass sie es zu bemerken schien. Der braun-weiß gefleckte Bär landete unbemerkt am Boden - Hilfeschreie konnte das Stofftier ja nicht von sich geben. Niemandem schien dieses Missgeschick aufgefallen zu sein. Nur der Maier, der reagierte prompt und wollte den verdreckten Bären mit einer Rettungsaktion vor dem möglichen Waisenheim bewahren. Als er aber auf den Stoffbären hinsteuerte, war sein linker Fuß schneller als die Hand und so kickte er ihn versehentlich mit seiner Fußspitze in eine Lache. „Hey Teifl. Då wår da Fuaß schneller ols es Auge“, ärgerte sich der Tiroler über sein Missgeschick. Im Nachfassen erwischte er den Bären. „Kloane, wårt amol. Schau des isch dein Bär. Isch der vom Alpenzoo?“

Das kleine Mädchen blieb stehen und blickte mit verwunderten Augen auf den verdreckten Stoffbären. Die Mutter blieb zwar stehen, widmete sich aber unverändert ihrem Gespräch. Erst als die Kleine plötzlich zu weinen begann, blickte sie stutzig auf den Maier mit dem verdreckten Bären in seiner Hand. „Mama schau, der böse Mann hat das Hasi schmutzig gemacht.“

„Gertrude, ich ruf dich gleich zurück. Hannelores Bär ist gerade von so einem Ausländer in den Dreck geschmissen worden.“ Maier runzelte die Stirn. Er hatte zwar dunkleres Haar als der gewöhnliche Durchschnittstiroler, aber südländische Wurzeln wurden ihm noch nie nachgesagt. „Moment amol…“, versuchte er zu intervenieren. „Was haben Sie mit dem Hasi gemacht, Sie Flegel?“, schrie ihn die Mutter an. Maier hatte das Gefühl, im falschen Film gelandet zu sein. Und so schnell konnte er gar nicht „Hasi“ sagen, wie sich im Nu ein Menschenauflauf um die drei Streitenden gebildet hatte. Verständlich: Schreie in der Maria-Theresien-Straße, das gab es doch so gut wie nie.

Doch bevor sich der Maier rechtfertigen konnte, kam ein älterer Herr zu der Frau und meinte: „I håb's genau gsegn. Der håt den Bär von einer Lackn in die andere mitn Fuß tretn. I moch Ihnen sofort an Zeugen, wenn Sie vor Gericht gehen.“ Das Gesicht des alten Mannes kam dem Maier so bekannt vor. Diese wild wuchernden weißgrauen Haare, dann noch diese dichten Augenbrauen - wer war dieser scheinbar Vertraute?

Die Frau funkelte angriffslustig den Polizisten in Zivil an, als sie die Worte des Passanten hörte. Das kleine Mädchen war emotional nicht mehr zu bremsen. „Mein Hasi stirbt. Mein Hasi stirbt wegen einer Vergiftung."

„Mo…Moment…", begann Maier verdutzt zu stottern. Alles wirkte doch etwas zu viel für ihn in diesem Augenblick. „Der Ausländer versteht ja nichts. Du Türke. Bär namens Hase schmutzig, du zahlen Reinigung. Ach, was rede ich. Das kennen diese Neandertaler ja gar nicht. Bei uns führen sie italienische Pizzerien, bauen Minarette und sitzen in den Spielhöllen den ganzen Tag. Sie können mir glauben, meine beste Freundin hatte sich schon in einen solchen Sozialfall verliebt", schimpfte die Dame und nickte dem weißgrauen Mann entgegen. „Jå mir brauchen Sie des nit dazähln. I kenn des a. Sigsch eh immer auf RTL und RTL Zwoa."

„Hasi stirbt, Mama, Hasi stirbt. Vergiftet von dem bösen Mann", fand das Leid des Blondchen allmählich seinen Höhepunkt. „Wås is denn då los?", fragte ein glatzköpfiger Mann, der mit einer weißen Einkaufstasche in der Hand zur Gruppe dazustieß. „Der Tschapprag håt den Bären, der wås Hasi hoaßt, in die Pfützn tretn und dreckig gmåcht", klärte der ältere weißgraue Herr hilfsbereit auf. „Na, des is ja a Skandal. Då muss ma sofort die Funkstreife anrufn", meinte der kahlköpfige Mann wutentbrannt. „Mama, Hasi atmet ganz schwer. Hasi is bald tot", die Tränen kullerten unaufhörlich über die Wangen des Mädchens.

„Iatz amol ganz långsam, geh", begann Maier mit bestimmendem Ton zu erklären. „Erstens bin i a waschechter Tiroler. Zwoatens isch dem Mädl der Bär in Dreck gflogen und i håb den nur aufgeklaubt und drittens sollt ma dem Madel schu sagen, dass a Bär nit Hasi hoaßen kunn." Der Maier kam so richtig in Fahrt. Und nebenbei musste er einfach die offensichtlich falsche Namenwahl anmerken, schließlich sollte das Kind frühzeitig ein Verständnis für Biologie entwickeln.

„Also das zieht mir doch den Boden unter den Füßen weg. Wie können Sie es wagen? Meine Tochter hat eben eine blühende Phantasie“, sprudelte es aus der Mutter heraus.

„Na jå, sein wir uns ehrlich, geh. A Bär, wås Hasi hoaßt - des spricht nit grod für Phantasie, sondern eher für grobe Mängel im Bereich Biologie und Umweltkunde. Des isch jå des Gleiche, wia wenn i zum Christkindl Nikolaus såg, geh.“

„Hasi…“, das Kind unterbrach ihr Klagen und fragte: „Ist das Christkindl der Nikolaus, Mama?“

„Na, na, Madel. Die gibt's jå beide nit, ober des woasch ja eh, oder?“, bemerkte Maier, noch bevor die Mutter etwas sagen konnte. „Was, das Christkindl gibt's gar nicht, Mama?“, drängte das Mädchen auf eine Antwort. Die Mutter rang nach Luft und schrie: „Was fällt Ihnen ein? Meine Tochter wusste das noch nicht. Dafür ist sie doch zu klein.“ Die Welt war zerstört für das kleine Mädchen: „Hasi ist tot. Nikolaus und Christkindl auch.“

„Ma bitte. Die Welt isch grausam und desto früher Kinder des einsegn, desto leichter håben sie es amol später. Wissens eh: Früher an später denken. Schaun S', i hun a damals Rotz und Wasser blärt, wo i ghört håb, dass es des Christkindl gor nit gibt. Madel, kannsch da ja dafür wås vom Osterhåsen wünschen.“

„Wagen Sie es nicht noch einmal, meine Tochter anzusprechen. Sehen Sie, wie fertig sie ist. Das waren jetzt drei kleine Mini-Traumata innerhalb von nur fünf Minuten“, sagte die Frau, ihren Zeigefinger drohend durch die Luft schwingend, und fügte flü-

sternd hinzu. „Wahrscheinlich muss ich sie jetzt auf die Couch legen lassen. Wissen Sie, was so kleine Tiefschläge in der Kindheit schon im Alter für Wellen schlagen können?"
„Na, wenn Ihrer Tochter schlecht isch, dann soll sie sich amol dahersetzen, geh, då brauch ma koa Couch", schüttelte Maier unverständlich den Kopf.
Immer mehr Leute kamen zur Menschenansammlung und das Geschnatter rundherum ließ den Lärmpegel weiter ansteigen. Es wurde endlich was geboten in der Maria-Theresien-Straße: Die Mutter tobte vor Wut, das Kind weinte jämmerlich und der Maier stand zufrieden, dem Kind etwas beigebracht zu haben, immer noch mit dem beschmutzten Bären namens Hasi in der Hand da. „Liebe Frau, die Polizei isch schu unterwegs. Ich måch Ihnen den Zeugn und dann kunn der zahlen, der Antichrist", sagte der alte, hilfsbereite Mann zu der Dame. „Antichrist? Na wås bisch denn du für oaner, Opa?", Maier hatte genug von diesem alternden Ketzer, dessen Gesicht ihm so bekannt vorkam. „Woasch jå nit amol, wås a Antichrist isch. Schau in Dudn, du Låpp."
„Wås håt er gsågt", nahm das Geflüster in der Menge weiter zu. „Scheiß Juden håt a gsågt. I hun's genau ghört, wås der Tiroler Jugo gsågt håt", schrie eine ältere Dame mit dicken Brillengläsern und weißem Hut am Kopf aus der zweiten Reihe.
Entsetzen. Raunen. Einatmen. Die Menge agierte im Kollektiv. „Wiederbetätigung isch des und des im heiligen Land. Und des nach dem Gedenkjåhr a no. Unglaublich", schrie ein Passant weiter hinten. „Wås håt des Gedenkjåhr mit die Juden zu tian? Und wer håt ‚scheiß Judn' gsågt?", fragte Maier, für den die Situation immer konfuser und unübersichtlicher wurde. „Skandalös. Jetzt haben Sie sich Ihr eigenes Grab

geschaufelt", fühlte die Mutter den Arm der Gerechten als Stütze. „Du Tiroler Tschapprag. Iatz kunnsch einpackn, iatz sein mir alle Zeugen", lächelte ihm der Mann mit den weißgrauen Haaren siegessicher entgegen. „Schluss mit dem Spaß."

Spaß? Bei diesem Wort ging Maier plötzlich ein Licht auf. Das Gesicht, das Lächeln, die weißgrauen Haare. Alles ergab auf einmal einen Sinn. „Verstehen Sie Spaß, Didi Hallervorden?", sagte Maier mit einem erleuchteten Grinser auf den Lippen zu sich selbst. Schnurstracks marschierte er auf den verdutzten Herren zu und schüttelte seine Hand. „Mei iatz isch ma ålles klar. Du bisch da Hallervorden, der Komiker von ‚Verstehen Sie Spaß?' Na isch des nett. Des håt sich sicher da Prohaska einfålln lassn. Na Didi, isch des witzig. Zerscht hun i mi kurzzeitig nimmer ausgekannt, geh, ober iatz isch ma ålles klar. Mei und die andern sein ålles Schauspieler, oder?"

Perplex blickten sich die Mutter und der alte Mann an. Die Menge starrte sich verdutzt an. „Na, der isch ausn Irrenhaus in Hall. Anderscht isch des nit zum Erklärn", brabbelte der angebliche Didi Hallervorden vor sich hin. „Jå, des werd der Oane sein, der wås da letzte Wochen nimmer gfunden håbn. Des håb i in da Krone glesn", meinte Hallervorden zu sich selbst. „Na des wår in Hallein. Då in Salzburg, i håb den Artikel a glesn", widersprach der Mann mit der weißen Einkaufstasche. „Vielleicht suachen s' ober in Hall a oan. Na, sein S' ma nit bös, liebe Frau, ober mit Depperte will i nix zu tun håbn."

Mit diesen Worten drehte sich „Didi Hallervorden" um und ging Richtung Sparkassenplatz. „Didi, bleib doch da. I wollt dir nit den ganzn Schmäh zerstören. Wo sein denn die Kameras?", rief Maier seinem Di-

di Hallervorden nach. „Wås, a deppata isch des? Na dann.“ Langsam löste sich die Menge auf. Sekunden später stand nur noch die Mutter mit ihrem weinenden Kind da. Der Maier hatte den Überblick verloren: „Des tuat ma echt leid, geh, i wollt den Sketch echt nit zerstören. Geh, sågn S' ma bitte: Wo stehn denn die Kameras?“
Die Frau starrte verdutzt in das Gesicht des Inspektors, nahm den verdreckten Bären und fragte kopfschüttelnd: „Wer sind Sie eigentlich?“
„I? I bin der Inspektor Maier von da Mordkommission.“
„Mordkommission? Inspektor? Sie sind ja wirklich aus dem Irrenhaus.“
„Jå gehen S' nur in Ihr Haus, ober tian S' der Kloanen a bisserl mehr Realität beibringen. Sie weat es Ihnen amol danken. Glaben S' ma des.“

„Und dann isch sie kopfschüttelnd in Richtung Anichstraße gången, ohne dass mir jemand den Sketch erklärt håt. Wås sågsch, ha? Isch decht unglaublich, oder? Der Didi Hallervorden in Innsbruck. Und i håbn gsegn. Prohaska?“ Erneut folgte keine Reaktion. „Prohaska?“, wiederholte Maier.
„Ja, eh a super Gschichterl. Wos mi oba prinzipiell mehr interessiert, is die Story über der deinigen: *Psychisch gestörter Rechtsradikaler terrorisierte Mutter mit Kind in der Maria-Theresien-Straße*. Des klingt noch ana Story.“
Maier las laut vor sich hin: „Nach unbestätigten Zeugenaussagen soll gestern um 15:42 Uhr ein psychisch gestörter Rechtsradikaler eine Mutter mit Kind belästigt haben. Mehrere Zeugen berichteten … Na, wås ischn des für a Bledsinn. Genau zu der Zeit wår i ja mitn Hallervorden dort. Des hat i jå gmerkt. Des isch sicher wieder so a Lückenfüller-

Gschicht oder so a Anrufer håt des lei erfunden. Na also oft ruafn die Leut echt wegen jedem Bledsinn bei der Zeitung an."

„Jo Maierle. Ein wahres Wort zum Sonntag: Der Erste sieht weiße Mäus, der Zweite an Rechtsradikalen und der Dritte den Didi Hallervorden. Und des olles in der 'Weltstadt' Innsbruck."

SOMMERHITZE

Marmeladinger bleibt Marmeladinger

Es war ein Montag, Mitte Juli, kurz vor Mitternacht, als Maier schrie: „Kapitän an Deck, ålles zuhören.“ Der Prohaska hatte soeben den Beobachtungsraum des U-Boots betreten. So etwas hätte sich der Wiener ja niemals erträumen lassen: Er, beruflich in einem Mini-U-Boot und stationiert am Grund des Innsbrucker Inns. Da blieb dem Wiener nur mehr die Erkenntnis: „Jo, die Wege des Herrn san auch in Österreich unergründlich.“

„Die Månnschaft isch vollzählig angetreten und wartet auf Ihre Befehle, Kapitän“, schrie der Maier im Befehlston und salutierte dabei. „Oba die Wege des Herrn san ned nur unergründlich, sondern a sehr nervig. Zumindest wonn da Herrgott dir den Maier zur Seitn setzt“, dachte sich der Kommissar.

Alles war so schnell gegangen. Plötzlich hatte die Wiener Polizei ein modernes Aufklärungs-U-Boot bekommen. Woher und warum wusste niemand so genau. „Gerüchten zufolge soll des jo a Bonusaktion gwesen sein. Mia bestelln Abfangjäger und dafür gibt's a kleines U-Boot gratis dazu. Do wa ma jo deppat, wenn ma do ned zugschlågn hättn.“ So stand plötzlich ein acht Meter langes und nur zwei Meter hohes Untersee-Boot zum Testen bereit. Als besondere Geste schickten die Wiener das Wunderwerk der Technik zum Probelauf nach Tirol. „Jo, weil wonn die Büxen undicht is und mia dasaufn, dann kennen de Weana glei reagiern, ned. Wien grüßt seine Bauern. Und um die Tiroler Bauern is eh blunzn.“ Prohaska kannte das altbewährte Spiel der Wiener Exekutive: „I hab ja lang genug a so garbeitet.“

Dann hatte der Tiroler Polizeipräsident Heinrich, der 56-Jährige war ein gebürtiger Nürnberger, eine

geniale Eingebung: Das U-Boot sollte während des dreimonatigen Probelaufes in Tirol zur Beobachtung des Innrains benützt werden. Schließlich galt das Fußgänger- und Radfahrer-Paradies immer schon als Quell kriminogenen Verhaltens. Was wäre da besser geeignet, als eine lautlose mit Hightech ausgerüstete Beobachtungsstation unentdeckt unter Wasser? „Prinzipiell a super Sach. Wonn ned die Zusatzideen von dem Piefke no gwesen warn", analysierte der Kommissar. Denn der Piefke, pardon, Deutsche ließ alle drei Tage den Standort des U-Boots wechseln. „Klingt prinzipiell noch ana no besseren Sach." Ja, wenn da nicht das Problem des Transports wäre. Schließlich gab es in Tirol keinen ausgebildeten U-Boot-Piloten und einen für drei Monate zu engagieren, wäre mit zusätzlichen Kosten verbunden. So musste kurzerhand das U-Boot von Tauchern der Feuerwehr auf dem Grund des Inns fixiert werden. Und der Standortwechsel zweimal in der Woche mit einem Spezialkran erledigt werden. „Der Transport wär mitten in der Nacht geplant gwesen und so absolut topsecret."
Ursprünglich zumindest. Denn ein Spezialtransport mit einem Spezialkran zu einer speziellen Nachtzeit - das kostet speziell viel Geld. Und so reagierte der Polizeipräsident und ließ den Transport untertags erledigen, damit zumindest eine zusätzliche Nachtzulage für die Arbeiter erspart blieb. „Dann wor nix mehr mit topsecret. Weil wonn a zwanzig Meter hoher Kran am helllichten Tag a U-Boot den Innrain entlangfährt, dann muaßt scho blind sein, dass des ned siegst."

Es kam sogar noch schlimmer. Nach dem zweiten Transport von der ehemaligen Nordkettentalstation zum Kongresshaus begannen die Passanten, die

Lieferung mit zynischem Beifall zu begleiten. „Wås ischn mit euch? Tuats die Laichplätze von die Forellen begutåchten, ha?“

„Na, die suchn die zwoa Wåffenradln und die fünfzehn M-Preis-Einkaufswagln, die letztes Jåhr als vermisst angebn worden sein.“

„Ha, des isch a geheime Aktion, von der sie nit wissen, wias die geheim halten solln.“ Nur einen Tag später strahlte der ORF einen fünfminütigen Bericht in *Tirol Heute* aus. Allerdings ohne Interviews, weil die Tiroler Polizei ja um die Geheimhaltung bemüht war.

Ja und weil die Innsbrucker Exekutive erstens zu wenig Geld, zweitens zu wenig Personal und drittens ein U-Boot hatte, musste für die absolut geheime, aber bereits über Innsbruck hinaus bekannte Observierung des Innrains, ein für den Dienst entbehrliches Duo gefunden werden. „Wos sollst do no argumentiern, wonn s' da die Aufklärungsrate unter die Nasn haltn. Die liegt beim Maier und bei mir bei ganz stårke Null.“ Mord oder Totschlag - Prohaska und Maier konnten in ihrer eineinhalbjährigen Zusammenarbeit exakt null Prozent davon aufklären. Und wäre das alles noch nicht genug für den Prohaska gewesen, hörte zu all seinem Überdruss noch die deutsche Polizeipsychologin eines der üblichen Streitgespräche zwischen dem „Ehepaar“ Prohaska/Maier mit. „Des kunn's nit sein, dass i immer ålles abtippn muaß“, hatte der Maier lautstark auf dem Weg in die Kantine geschrien. „Na freili, weil du bist de Frau in unserer Beziehung, Schneewittchen“, antwortete der Wiener. „Såg nit Schneewittchen, du Fåck.“

„Gusch jetzt. I tipp am Computer wia a Terrorist, je-

de Stund a Anschlåg. Und du konnst ja außer Tippn eh nix."
„So lass i nimmer mit mir tian. I hab a Gefühle. Des isch Mobbing!"
„Na, des san normale Hierarchien, du Mülchkind. Der Kommissar schafft an und da Inspektor folgt. Und wonnst mi weiter so kreuzigst, dann konnst bald im Gittabetterl Inspektor spüln. Und jetzt hab i no an für di: Wos is weiß und stört beim Essen?"
„Des isch mir Wurscht. Mi interessieren deine Witz nit", schrie der Maier am Höhepunkt seines Ärgers angelangt. „A Lawine, du Nasnbohrer", konnte sich der Wiener nicht mehr einkriegen.

Zehn Minuten später saßen die beiden schon im Therapieraum für Polizeipaare. „Sagen Sie Herr Maier. Wie geht es Ihnen dabei, wenn Sie so verbal degradiert werden?", fragte die übergewichtige, blonde Psychologin mit deutschem Akzent. „Ma, es tuat so guat, amol danach gfragt zu werdn, wie es oam geht", begann der Inspektor mit weinerlicher Stimme. „Und des sågt eh schu ålles aus, oder?"
„Bitte, moch net so an Bahöö, du…"
„Herr Prohaska, lassen Sie Ihren Partner aussprechen. Das ist eine Grundregel der guten Erziehung", fuhr die Psychologen dem Prohaska energisch ins Wort. „Oba Sie dürfn ma scho ins Wort falln, oda?" Der Prohaska war stinksauer. Diese irreale Tränen-Show von seinem Kollegen Maier und dann noch diese Anweisungen von der eingewanderten Deutschen. Innerlich schimpfte er: „Na de Piefke san a Wahnsinn. Bei uns hot da Bua vom Schicklgruber ned amoi maln dürfn und sie habn eam glei regiern lassen, den Plauscher. Und 70 Johr später schickn s' uns aus Rache fürn Adi die ganzn Hirnwachn oba. Und mir sogn no Dankschen, eh

klar." 45 Minuten später kam das vernichtende Urteil: „Sie werden künftig immer den anderen aussprechen lassen. Das wird die erste Aufgabe sein und zusätzlich wird der Montag immer der Tag des Herrn Maier sein. An solchen Tagen darf er bestimmen, was er gerne tun würde. Und wir sehen uns ab sofort jeden Freitag um 11 Uhr. Ich würde einmal zehn Sitzungen ansetzen", schloss die Deutsche ihre Ansage mit einem giftigen Blick in Richtung Prohaska. „Und wenn das nicht funktionieren sollte, dann werden wir dies künftig in Zusammenarbeit mit ihren Vorgesetzten erledigen."

Heute war eben ein Montag. „Kapitän Prohaska, wollen Sie durch das Periskop schaugn?" Und an diesem Montagabend wünschte sich der Maier eine erfundene Kriegsgeschichte in einem richtigen U-Boot. Der Prohaska war der Kapitän, der Maier war sein erster Offizier. „Ich konnte einen Zerstörer auf 14 Uhr ausmåchn. Zwei Torpedos sind schon scharf. Ihre weiteren Befehle, Sir?"

„Marmeladinger bleibt Marmeladinger", schnauzte Prohaska kopfschüttelnd zurück. „Prohaska, des isch mei Tag heut und darum tu ma des, wås i will."

„Ja tua ma ja eh, oda?"

„Ober du kunnsch nit als U-Boot-Kapitän a Marmelade verlangen!"

„Du Dillo. Des is a Redewendung: Marmeladinger bleibt Marmeladinger. Bedeutet: Piefke bleibt Piefke, damit du es a verstehst, du Oamutschkerl. Den Dreck do habn wir nur der bladn Psychologin zu verdankn."

„Ja, wenn du mi nit immer so degradiert hattesch…"

„Geh hoit'n Schlapfn, du Pfostnwixa. I bin eh scho haaß. Oiso, wos is do jetzt auf 14 Uhr?"

„Du schaugsch iatz durch des Periskop und dann siegsch an Zerstörer."
„Und dann?"
„Jå i håb mir des gestern dahoam genau zusammengedenkt. Die greifen uns an und nachand versenk ma sie. Dann trifft uns no a Wasserbomben und wir müssen auf 200 Meter abtauchen. Dabei bricht unser Mechaniker in Panik zsammen und i stopf die Löcher in letzter Sekunde no. Und dahoam kriagn wir von der Queen an Orden. Wobei mia sofort wieder weg müssen, weil mia sein jå erscht im Jåhr 1943 und der Kriag geht jå no a bisserl."
„Dann san mia a britisches U-Boot? Müssat ma do ned englisch redn?"
„Wia moansch iatz…hey Teifl, då håsch recht. Na dann sein mir Deitsche."
„Und dann soll i vielleicht no in Hitler spüln, der wos uns auszeichnet? Und als Nächstes no den bladn Göring?"
„Na, des isch a a Bledsinn. Iatz håb i die Lösung: Wir sein Österreicher."
„Freund der Historie: Österreich wor die Ostmark und der Führer wor da gleiche. Er wor weder blond no blauäugig und man hätt olles verhindern kennan, wonns den Trottl nur maln hättn lassn."
„Ah jå genau. A Wahnsinn der Hitler. Hätt i mir nie gedåcht, dass uns der Deutsche oanfoch so schluckt."
„Maier, jetzt muaß i di scho wieder enttäuschn. Da Adi war a Österreicher. A Brauna aus Braunau."
„Na des gibt's jå gor nit. Der Hitler wår a Österreicher, isch nach Deutschland, dort groß gwordn und håt uns dann gschluckt?"
„Blitzgneißer. I sog's ja eh: Schuld an allem san ollawei die Piefke. Ergo: Marmeladinger bleibt Marmeladinger. So und jetzt lass mi durch des Periskop

schaun, damit des Krippnspiel endlich a Ende hot.“ Fasziniert blickte der Wiener durch das Beobachtungsrohr den Innrain entlang. An diesem Tag waren sie direkt hinter der Universität am Grund fixiert. Alles schien ruhig.

„Ja, mein erster Offizier, do is ein gewaltiger Kreuzer oder Zerstörer auf 18…na…14 Uhr. I zitter scho am ganzen Körper“, zog der Kommissar das Schauspiel ins Lächerliche. „Wie lauten Ihre Befehle, Kapitän?“, fragte Maier, ohne auf die Provokation zu reagieren. „Wort amoi. Do schmeißt ana wos ins Wasser.“

„Des miassn Wasserbomben sein. Sie håbn uns entdeckt. Wir müssen Alarm schlagen. Alle Mann sofort auf Gefechtsstation“, schrie Maier panisch in den leeren Aufenthaltsraum. „Na, du Dillo. I maan in reality, wie de Queen sogn tät. Do steht a Gstalt und schmeißt so große Packerln in Inn.“

„Wås echt? Wer isch es?“, fragte Maier mit weit aufgerissenen Augen. „Da Peter Huber, 21 Johr, Mechaniker, Lieblingsfarbe blau. Wos is mit dir, Deppata? Glaubst, i hab do a Identifikationsgerät einbaut? I kenn eam ned.“

„Wås tian wir iatz? Wås måch ma nur? Wir miassn jå wås måchn. Vielleicht entsorgt der da irgendwelche Leichn“, meinte Maier panisch. „Bleib ruhig, Maierle. Wegen Herzinfarkt in einem U-Boot gestorben - willst des auf deim Grabstein lesn? Mia wean die Kollegen informiern, de solln a Streife vorbeischickn. De Packerln… ja, des könntn durchaus Leichen san. Die Größe passt.“

„Um Gottes Willn, soll ma nit auftauchn? I ziag am Hebel und in zehn Sekunden sei ma an der Oberfläche?“

„Haben s' da ins Hirn gschissn? Des is nur fürn Notfall. Habens ja gsogt: Nur wenn unmittelbare Ge-

fahr für uns besteht. Mia wissn jo no nix und abgesehn davon, dann schiaß ma mit Paukn und Trompetn an die Oberflächen, müssn mitn Gummischlauchboot ans Ufer paddeln, weil die Trottln kaan U-Boot-Piloten mitgschickt hobn und der Mörder lacht sich ans, weil er sich scho zwanzgmål über die Häuser ghaut hot. Da beißt se jo de Katz in Hintern", ärgerte sich Prohaska. „Oiso, ruaf die Funkstreife und i schau, wos unser Phantom derweiln mocht."
Maier nahm das Funkgerät in die Hand: „Grönemeyer oans an Mutterschiff, kommen." „Und sog eana, sie solln sie leise anschleichn. Wia da Häuptling Geronimo."

Zwei Minuten später saß Maier nägelkauend neben Prohaska, der das Geschehen über das Periskop beobachtete. „Und wås mächt er då? Is die Verstärkung schu da? Red, bitte."
„Nur ned durchdrahn. Zwaa Leichensäck hot er obigschmissen, an dritten lupft er grad."
„Des isch sicher a Massenmörder. Wahnsinn. Da werdn wir sicher a Pressekonferenz håltn miassn. Jå logisch! Wås såg ma denn dann? I tua ma eh so hart mitn Reden vor die Leut."
„Schee, dass do san, die Erfrischungen stehen links und rechts neben der Bühne. Is eh wuascht, wos sogst. Hauptsach des Buffet passt."
„Moansch, dass des so leicht geht?"
„Freili. In Wean wird nur so gearbeitet. Lachs, Kaviar und Prosecco wor Pflicht - die Rede danoch hoben die Schauspieler gmocht. Amoi hot der Moretti für mi gsprochn. Do wor er no mitn Rex am Weg."
Der Inspektor zog die Augenbrauen nach oben und fragte überrascht: „Wås echt, oder?"
„Na, oba du hättest jetzt dei Gsicht segn solln, herr-

lich“, konnte sich der Wiener das Lachen nicht verkneifen. Dann blickte Prohaska wieder in das Rohr und plötzlich: „Jo sog amoi, wos mochen denn die Vollpfosten?“

„Wås isch, håsch a Hand von a Leichn gsegn?“, sprang Maier von seinem Sessel auf und schlug die Hände über dem Kopf zusammen. „Na. Unsere Kollegen fahrn mit zwa Autos und Blaulicht von da falschen Seitn hin. Maierl, gib Gas und sog die Trottln, der Verdächtige steht auf Höhe des Chemieinstituts und ned direkt hinter der GEIWI.“

„Jå logisch. Und sie solln des Blaulicht ausschaltn.“

„Dafür is es zu spät. Den Geronimo-Effekt habn s' verschissn“, sagte Prohaska kopfschüttelnd. „Heulicha Bimbam, jetzt hot sich der Mörder anfoch niederglegt. I seh eam nemma hinter der Mauer. Die Hirnschädel solln amoi ausn Auto steigen und die Taschenlåmpen aufdrahn. Sog eana, es geht um Leichn. Wie sollst da jemals an Foll aufklärn, wonn s' da solche Staaner in Weg legn.“

„Die Kollegen segn nix. Ah koane Leichn.“

„Die liegn ja scho im Wasser, solch ane Gatschhupfer. Halt, mir tauchn auf, Maier. Den Massenmörder lass ma ned entkommen. Mia zwa brauchn eh die Publicity.“

Prohaska zog den großen roten Hebel, neben dem an der Wand ein beschriebenes Schild klebte: „Nur im Notfall“ stand darauf mit dicken, schwarzen Worten geschrieben. Mit einem Blick darauf flüsterte der Wiener zu sich selbst: „Es is a Notfall. Quasi.“

Kaum hatte Prohaska den Hebel nach unten gedrückt, begann eine ohrenbetäubende Sirene zu schrillen. Das U-Boot begann zu vibrieren und sich zu schütteln - der Kommissar konnte sich gerade noch am Periskop festhalten, während Maier durch den plötzlichen Auftrieb ins Wanken geriet und über den Sessel geschleudert wurde. Nach wenigen Momenten beruhigte sich die Lage und die Eingangsluke des Unterseeboots wurde weggesprengt. Prohaska griff nach dem Rettungsschlauchboot und stürmte auf der Leiter nach oben. „Maierl, jetzt schreib ma Geschichte."

Am nächsten Morgen saßen Kommissar Prohaska und Inspektor Maier im Büro des Polizeipräsidenten Heinrich. Der Deutsche hatte alles andere als gute Laune: „Also, dass ich das richtig verstanden habe. Nachdem Sie, Ihrer Einschätzung nach, einen Massenmörder beim Leichenentsorgen beobachtet hatten, beschlossen Sie, statt die zwei Funkstreifenwagen mit dem Periskop in die richtige Richtung zu leiten, den Notfallhebel zu betätigen. Und dies obwohl es sich in dieser Situation um absolut keinen lebensbedrohlichen Zustand für Ihr Leben gehandelt hatte. Nach der automatischen Sprengung der Eingangsluke, die übrigens nach ihrem 100 Meter weiten Flug durch die Außenwand der Petrus Canisius Kirche durchbrach und dann der Jesus-Christus-Statue den Kopf abschlug, stiegen Sie beide in das Rettungsschlauchboot. Leider hat keiner von Ihnen daran gedacht, das Paddel mitzunehmen. Diese Tatsache hatten Sie allerdings erst bemerkt, als Sie im Boot drinnen saßen und hoffnungslos der Strömung ausgesetzt, bis nach Schwaz trieben, ehe Sie die Feuerwehr schlussendlich retten konnte", rekapitulierte der Deutsche mit stoischer Ruhe. „Zu Ihrem Pech war auch das führerlose U-Boot nach ihrem Verlassen der Strömung ausgesetzt, weil es ja nicht mehr am Grund des Inns verankert war. Und so schlug das Unterseeboot im Hans-Psenner-Steg ein und zerstörte den linken Pfeiler der Holzbrücke. Zusätzlich drehte sich das U-Boot nach dem Aufprall zur Seite und kenterte. Und ihrem Pech die Krone aufgesetzt hat die Tatsache, dass es sich bei den entsorgten Sachen im Inn nicht um Leichen, sondern um in weiße Leinentücher gepackte 48 Holzleisten dreier IKEA-Kästen der Marke Albin, Ida und Snöre handelt. Ich summiere also: Wir haben ein untergegangenes Hightech-Unterseeboot, eine zerstörte Außenwand einer Kirche mit einem kopflosen Jesus Christus darin und einen beschädigten Holzpfeiler einer Brücke auf der Soll-Seite. Dem stehen 48 Leisten von Albin, Ida und Snöre auf der Haben-Seite gegenüber."

Dann stand Heinrich auf und der Ton wurde rauer: „Der Knappheit an Uniformierten und der Tatsache, dass sie bereits in psychologischer Behandlung sind, haben Sie es zu verdanken, dass ich Sie nicht fristlos kündige. Haben Sie irgendetwas zu Ihrer Verteidigung zu sagen?"

Prohaska sah nach links zu Maier, der geknickt dasaß, richtete seinen Blick wieder auf den Deutschen und meinte zu sich selbst flüsternd: „I sog's jo: Marmeladinger bleibt Marmeladinger. Olles nur wegen die Piefke."

Mister Alias

Es war ein Dienstag im Juli, knapp vor acht Uhr morgens, als Inspektor Maier mit einer Akte in der Hand in sein Büro hetzte: „Der Meyer isch der Verdächtige und i werd den Fåll lösn“, sagte er nach Luft ringend zu sich selbst. Große Schweißflecken waren auf seinem blauen Hemd unter den Achseln zu sehen - dabei hatte das Thermometer zu diesem Zeitpunkt noch keine 20 Grad Celsius angezeigt. „Ausgerechnet iatz, wo da Prohaska im Urlaub isch, bin i am Drücker“, lachte sich Maier ins Fäustchen. „Der wead zruckkemmen und i wead an Ordn von die Drogenburschen kriagn. Jå logisch.“ Der Maier strahlte über das ganze Gesicht wie ein junger Bub am Heiligen Abend. Und er hatte jeden Grund dazu.
Was der Innsbrucker dieser Tage erlebte, hatte schon etwas von Weihnachten. Schließlich stand der Maier vor der Lösung des ersten Falls in diesem Jahr. Und das schon im Monat Juli. Noch dazu ganz ohne den Prohaska.
Das Jahr zuvor hatten Maier und Prohaska noch bis Anfang Oktober warten müssen. Der Tod einer 86-jährigen ehemaligen Lehrerin hatte damals beiden den Schlaf geraubt. Und kurz vor der Lösung und dem siegessicheren Schulterklopfer stellte sich plötzlich der vermeintliche Mord als Selbstmord heraus. Das Duo fand einen Abschiedsbrief, der auf mysteriöse Weise unter den Teppich verschwunden war. Wobei mysteriös in diesem Kontext der falsche Begriff ist: Schuld war eine Schlamperei bei der Spurensicherung. „Egal, Mord isch Mord. A wenn den nur an dir selber begehsch“, glaubte der Inspektor.

Jetzt im Fall Meyer standen die Zeichen aber auf Volltreffer. Zwar ohne das Thema Mord, aber dafür mit jeder Menge Drogen. Zumindest sah es aus der Sicht des Maier so aus.
Ein Blick in die Akte des Verdächtigen offenbarte Spannendes: „Hans Meyer alias der Wolf im Drogenpelz, alias die Marihuanapfeife ohne Wasser, alias der weiße Afghane, der Shit ohne SH, der Bong mit Mineralwasser und alias Jointi the one and only. Der muaß a Big Fish sein, wie die Cops in die USA sågn tatn. So viele Alias-Namen muasch da erscht amol erarbeitn."
Da irrte der Tiroler allerdings: Im Drogengeschäft war die Anonymität der entscheidende Faktor. Desto mehr Namen, desto aktenkundiger der Verdächtige. Und hin und wieder waren wenige Alias-Namen ein Indiz dafür, dass die Person als Informant für die Exekutive im Einsatz war. Aber woher sollte der Maier das wissen? Zusätzliche Infos bekam er keine. Wie immer. Denn die Konkurrenz unter den Polizisten nach dem Zusammenschluss mit der Gendarmerie war groß wie nie und noch dazu sank die Wertschätzung ins Bodenlose. Die Mord- lachte über die Drogenkommission, die Drogen- über die Mordkommission, die Interne blickte allen auf die Finger und die Verkehrspolizei bekam von allen Seiten nur dumme Sprüche zu hören. „Na tschuldige. Zum Bremsspurmessn brauchsch koa Matura, ober für Drogen und Mord, da brauchsch a geschultes Naserl."
Darum war es nicht verwunderlich, dass der Maier in Wunschvorstellungen eintauchte. Innerhalb kürzester Zeit würde er den Fall Meyer, mit e-y-e-r, gelöst haben. Der Saal Tirol im Kongresshaus wäre der passende Rahmen für die Überreichung des dafür verdienten Ordens. Denn bei seinem Glück wür-

de der Maier, mit a-i-e-r, natürlich den größten Fall in der gesamten Drogengeschichte gelöst haben. Und natürlich würde ein schmollender Prohaska in der ersten Reihe sitzen und die Leistungen des Tirolers beknien: „Ausgrechnet wonn i ned do bin, löst der den größten Foll in der österreichischen Drogenhistorie. Na, i hab mi täuscht. Der Maier is echt a Bursch. Wahrscheinlich da Beste von uns alle."
Na ja, Träume sollen ja erlaubt sein.

„Es wår jå a Gemeinheit gwesen, wånn nit i den Fåll aufklärn hat derfen", dachte sich der Inspektor. Alles war so perfekt gelaufen. Der Sohn eines Metzgers hatte den Meyer als Verdächtigen ausgemacht: Bei seinem verdächtigen Handeln, in einem verdächtigen Milieu, zu einem verdächtigen Zeitpunkt. Es war ein Montag gewesen, zwei Minuten vor der Geisterstunde, als der Wolf im Drogenpelz am Hauptbahnhof den Maier im Vorbeigehen angerempelt hatte. Ohne Entschuldigung und mit schnellem Schritt war der böse Meyer in Richtung Brunecker Straße unterwegs gewesen. Und der gute Maier folgte dem Unhold wütend: „Isch jå a Wahnsinn des Ganze! Anrempeln und nachher oanfach ohne Entschuldigung weitergehen. Da geht ma des Messer im Sack au."
Wobei er am Innsbrucker Hauptbahnhof über solche Unfreundlichkeiten nicht überrascht sein sollte - schließlich änderte in seinen Augen auch die feierliche Neueröffnung vor fünf Jahren nichts an der Tatsache, dass sich viel zwielichtiges Gesindel dort herumtrieb. „Schön isch er eh, der Bahnhof. Amol wås anders. Ober die roten Pflasterstoana davor? Nix Neues, leider! Als gab's nit genug rote Plätze auf der Welt. Da hattn s' kreativer sein kennen. Volle gelb hätt i den eingfärbt und nachand gsågt: Der gel-

be Platz, im grünen Innsbruck, am roten Hauptbahnhof, unter blauem Himmel, umgeben von grauen Bergen - Innsbruck isch lei oans. Des isch a Bombensatz, jå logisch!"
Zurück zum Rempler: Dem folgte er, bis der böse Meyer plötzlich in einer Kleingruppe von dunkelhäutigen Männern stand. „Da hun i abgebremst und amol von der Weitn gschaut. Des richtige Naserl entscheidet da oft in oana Hundertstelsekunde. Obwohl mir schon a bisserl des Herz bluatet håt, wo i gsegn håb, dass ålles Marokkaner um den Meyer gstanden sein."

Beim Thema Marokkaner hatte der Tiroler nämlich seine eigene Meinung: „Die håbn ja so a schlechtes Image. A poar kemmen auf die schiefe Ebene und schu ziagn sie alle andern in Dreck. Dabei gibt's sicher genügend marokkanische Universitätsprofessoren oder Schriftsteller, die wås in Innsbruck ihr Geld verdienen. Und erscht die super Marokkanermärkte. Dort gibt's jå so guate Gewürze. Die verkaffens immer in so kloane Sackln. Früher woarn die Märkte ja im Rapoldipark. Dann haben die Junkies sie ober vertrieben. A armes Volk, die Marrokaner."
Ja, die herrschenden Vorurteile gegen die Afrikaner machten dem Inspektor doch zu schaffen. „Nit jeder Türk isch a Kloputzer, nit jeder Schwarze isch a Rapper, nit jeder Marokkaner isch a Drogendealer und nit jeder Deutsche isch a Nazi. Jå logisch."

Getuschel, ein Bündel Geld und ein Sackerl mit weißem Pulver. Die Handlungen des Meyer waren eindeutig. Der Inspektor wusste, was zu tun war: „Die Fährte aufnehmen und beschåttn." Und bei den Drogenjungs fragen, ob er den Fall übernehmen durfte. Allerdings war es schlussendlich kein

Fragen, sondern ein Bitten, Wimmern und Betteln - acht Tage später wirkte Maiers Flehen. „Du muasch hålt wissen, wånn a Kaninchen und wånn a Schlange bisch, geh. Und betteln kunnsch als Schlange hålt schlecht", dachte sich Maier, nicht ohne das nötige Selbstlob zu vergessen. Und jetzt stand ganz offiziell der Aufklärung des Fall Meyer nichts mehr im Wege. „Des isch undercoffer. Du muasch di tarnen wie a Kamel, na, a Chamäleon, na...hålt wia des Viech mit die Fårben. Volle zach hålt."

Und das alles musste jetzt der Prohaska erfahren. Der Inspektor griff zum Telefonhörer: „Prohaska, griaß di. Da Maier isch då. Du i..."
„Wöcher Maier? Auf dera Welt gibt's acht Milliarden Menschen und drei Millionen haßn Maier. Ans komma fünf Millionen mit A-I-E-R, null komma sechs Millionen mit A-I-R, null komma zwa fünf Millionen mit E-I-E-R, null komma zwa mit E-I-R und a poa årme Hund haßn Meyr mit E-Y-R. Oiso: Welcher Maier bitte?", überrollte Prohaska den Inspektor mit seinem fünfzeiligen Monolog. „Der Inspektor Maier, der mit der Ex-Frau Schwetlana." „Ja Maierle, so a Freud."
„Mi gfreit's a. Wås måchsch denn gråd? Bisch auf die Bahamas und suachsch die Liebe, ha?"
„Na. I moch a wissenschaftliche Feldstudie: I schau hundert Frauen beim Einparken zua. I wü des Klischee widerlegen, dass Frauen ned einparken kennen. Du stimmt des mit der Ölpest in Übersee?"
„Wia moansch iatz des?" Maier hatte die Nachrichten in letzter Zeit nicht mehr verfolgt. „Do is a Leck 1500 Meter in der Tiefe und da rinnt ollawei Öl aus?"
„Echt? Is des nit voll giftig?", rätselte der Maier. „Na Maierle, des is a Initiative von der Fischfirma Nord-

see. Des Öl is Wellness für die Forellen. De schwimmen a bisserl durch und scho glänzen s' wieder mehr. Damit wollens den Fischverkauf ankurbeln", spöttelte der Wiener. „Na freili is des giftig. Mia stelln zwar am Mond a Fahne auf, oba kennen ned amoi a Ölleck abdrehn. Des wär a Wette fürn Thommy Gottschalk bei ‚Wetten dass..?'. Guad, dass den Bush nemma gibt. Der tät's mochen wie da Hitler: mit viel Größenwahnsinn a Atombomben unten zünden."

„Wås? Da Hitler wår bei ‚Wetten dass..?'" Immer mehr Fragezeichen taten sich bei Maier auf. „Eh klar, du Trottl. Der mocht die Außenwette live aus Dachau."

„Isch mir eh Wurscht." Dem Maier riss langsam der Geduldsfaden. Er wollte von seinem Triumph erzählen und der Wiener hatte nur abfällige Aussagen parat. „Du Prohaska? I håb an Verdächtign ausgmåcht am Hauptbahnhof und iatz håt mi di Drogenabteilung gebeten, dass i den Fåll lösn soll. Wås sågsch dazua, ha?" Der Wiener sollte nur sehen, wozu der Maier fähig sei. „Geh bitte, Gnädigste! Jetzt is die Taubn ins andere Auto einigrollt. Des wird nix mehr mit der Widerlegung." Ärgerlich, dass dieser Flachländer niemals zuhören konnte.

„Prohaska, håsch du gheart, wås i gsågt håb? I muss an Fåll für die Drogenabteilung lösen. Sie håbn volle gebettelt, dass i den übernimm." Ja, es war etwas dick aufgetragen, aber womöglich würde der Wiener dann endlich zuhören. „Maierl, i hab da ganz an schlechtn Empfang...i geh...chchchch...eh klar..."

„Wås?" Aber da war die Verbindung schon abgerissen.

Egal. Der Prohaska würde schon noch früh genug von seinem Triumph erfahren. Heute stand einmal

das große Pokerturnier am Abend auf dem Programm. Pokern liebte der Maier sowieso und als dann noch der Name seines Verdächtigen auf der Teilnehmerliste aufleuchtete, gab es kein Halten mehr. Sein Verdächtiger als fanatischer Pokerspieler. Und sicherlich noch dazu der Drogenbaron Tirols, spekulierte Maier. Vielleicht sogar ein Mann mit Verbindungen zur Mafia? Wer konnte das schon wissen?
Wenige Stunden später stand der Tiroler vor dem Pokercasino im Industriezentrum im Osten von Innsbruck. Die Motivation Maiers hatte dazu geführt, dass der Inspektor gleich 25 Minuten zu früh bei dem Turnier auftauchte. „Jå såg amol. Dass i so ‚on fire' bin, des hatt i ma jå nie dåcht." Also packte Maier kurzerhand sein Handy aus. „Iatz ruaf i den Prohaska no amol an."
„Maier, du Zwutschgal. Stehst auf mi, weil ollawei anrufst?", fragte der Prohaska leicht grantig. „Jå log…wås? Na, i bin koana von dem Brokeback-Mountain-Gsindel. Du, wås isch iatz mit die Weiber und die Autos? Foahrn die alle an Renault Klischee oder wås?"
Nach wenigen Sekunden der Pause meinte Prohaska verdutzt: „Sog amoi, host am Auspuff gschnüfflt? Renault Klischee? I moch a Studie und will a Klischee widerlegen, du Schnuller."
„I hab koan Schnuller, du Esl", schrie Maier wütend.
„Sog ned Esel, du Gfries?"
„Såg nit Gfries, du Fåck!"
„Sog ned Fåck, du Fetznschädl!"
„Såg nit Fetznschädl, du..."
„Maier! Wieso rufst du mi überhaupt scho wieder an?"

„Jå…a guate Frag. Iatz hun i den Fåden verloren. Eigentlich wollt i wissen, wia's dir geht, ober dann hosch du mi beschumpfen und…"
Plötzlich brach der Wiener am anderen Ende der Leitung in Tränen aus: „Mir geht's ganz schlecht, Maierle. Weil die Monika, meine große Jugendliebe, gheiratet hot. Waaßt Maier, sie wor mei Zuckagoscherl und i wor ihr Bussibär."
„Ja, i kenn des. Die Schwetlana, mei Ex, wår immer mei Speck und i wår der Knödel. Es håt oanfach gepasst. Des wårn no Zeiten."
„Ja, Maierle. Des is a Ansog mit viel Wåhrheit: Die oide Zeit is scho gånz weit…äh…weit, so weit…wie da Mond…so weit…weg, ned."
„Ah Prohaska, iatz isch es ma wieder eingfalln. I wollt dir sågn, dass i heut für die Drogenburschen …"
„Du Maier, es piepst scho wieder. I hab kaan Akku mehr, weil…"
Und wieder war die Verbindung getrennt. Wieder bevor der Maier seinen Triumph, in etwas dick aufgetragener Form, dem Prohaska präsentieren konnte. „Isch jå Wurscht. Soll a die Gschicht hålt in der Tiroler Tageszeitung mit Bild von mir lesn, der Låpp."

90 Minuten später stand Maier der Schweiß auf der Stirn. Sein Pokerglück war ihm heute überhaupt nicht hold. Noch dazu gewann sein Verdächtiger am Nebentisch immer mehr an Chips. „I muaß im Turnier bleibn. Weil wenn i ausscheid, dann muaß i den Spielraum verlassn. Wie soll i dann undercoffer måchn?"
30 Minuten später musste der Inspektor alle seine Chips in die Mitte schieben: „Hole in, Burschen."
Ein grauhaariger Mann gegenüber von Maier zog

genüsslich an seiner Zigarette und sagte: „Das heißen ‚All in', du Eierdrescher."
„Såg du nit Eierdrescher, du...du...Eierschädl."
„Ja, Full House, Ladys and Gentlemen", jubelte Meyer, mit e-y-e-r, im selben Moment am Nebentisch. Maiers Herz raste. Die Beschattung, die Alles-oder-nichts-Situation bei seinem Spiel und dann noch der Meyer hinter ihm, der alles abräumte. „Hey, Eierdrescher. Was is los? Musik spielt nix auf andere Baustelle. Hier musch du schaun, nix dort. Schwöre", sagte der Mann, der eine goldene Rolex am rechten Handgelenk hatte, mit türkischem Akzent zum Inspektor. „Ha, i håb zogen, Affenschädl bleder. Nit mir sågn, wås i tian muaß, geh."
„Hey, Eierdrescher. Nimm i deine Kopf und mach i auf wie Dose, wann du blöd redsch. Schwöre!"
Maier fühlte sich immer unwohler in seiner Situation. Der Verdächtige schien vom Glück geküsst, während er ums spielerische Überleben kämpfen musste und noch dazu schien der türkische Mann an seinem Tisch ein ungemütlicher Geselle zu sein. Wenige Sekunden später stand der vermeintliche Drogenbaron Meyer wortlos von seinem Tisch auf. Das Herz des Inspektors raste. „Na, håt der ålles verloarn? Wås mach i iatz? Sei Jackn isch a nimmer då. Der isch sicher gangen", stresste sich der Maier selbst. Er musste reagieren. „Hole in", schrie er, ohne auch nur seine Karten beobachtet zu haben. „Das schau ich an, du Eierdrescher", meinte der Türke mit einem provokanten Lächeln. Vier Sekunden später war der Maier gegen ihn ausgeschieden. Zum Glück, dachte sich der Innsbrucker. „Iatz hol i ma den Drogenbaron." Doch in dem Moment öffnete sich die Türe und der Meyer, mit e-y-e-r, kam pfeifend zurück, ging zu seinem Stuhl und hob seine Jacke auf, die auf den Boden gefallen war.

„Geh leck mi decht. Des darf nit wahr sein“, fluchte der Maier. „Alle ausgeschiedenen Spieler müssen den Raum bitte verlassen, wir machen jetzt eine kurze Pause von zehn Minuten“, erklärte der Croupier höflich. „Hey Eierdrescher. Kannst du trinken Mango-Marille mit Wasser. Für kleine Bub, der noch wachsen muss, is gute Getränk. Schwöre!“ Ein erleichtertes Raunen ging durch die Menge und die Spieler standen nach der langen Zeit ohne Pause entspannt von ihren Sesseln auf. „Jetzt oder nie“, dachte sich der Maier. Sein Verdächtiger ging in Richtung Herrentoilette. Maier folgte ihm mit Respektabstand. „Glernt isch glernt und auffålln tun nur die Unglerntn.“
Als Maier die Toilette betrat, stand der Türke von seinem Tisch am Waschbecken und wusch sich die Hände. Der Inspektor sah ihn nur im Augenwinkel. Seine volle Konzentration galt dem Drogenbaron, der ebenfalls zum Waschbecken ging. Maier stellte sich ans Pissoir und täuschte eine Erleichterung vor. „Undercoffer, des muaß immer echt wirken. Also Maier, zoag dei schauspielerisches Talent.“ Einen Moment später begann ein Schauspiel mit Seltenheitswert. „Hui, des tuat ober guat. I håb ja so viel trunken. Hui. i håb ja so viel trunken und dann no diese Anspannung. Iatz muss i no abtropfen, schüttel, schüttel.“

Die beiden Herren am Waschbecken blickten ungläubig in Richtung des Tirolers. Kopfschüttelnd ging der Türke in Richtung Ausgang, Meyer alias Jointi the one and only folgte und griff dabei im Gehen unter sein Hemd, als der Inspektor in dem Moment eine Pistole auffunkeln sah. Der Tiroler reagierte prompt und warf sich mit einem Schrei in Richtung des Verdächtigen Meyer: „Sofort stehn bleibn, Polizei du Drogenbaron." Der Türke drehte sich durch den Schrei alarmiert erschrocken hinter sich und sah Jointi alias Meyer bewaffnet auf ihn zugehen, während hinter diesem der Eierdrescher mit ausgestreckten Armen und Beinen durch die Luft sauste, um Sekunden später auf dem Rücken des Bewaffneten zu landen. Fluchtartig stürmte der Türke aus der Toilette, während der Inspektor sich wie eine Anakonda mit Händen und Füßen den Körper des Bewaffneten krallte. „I hun di, du Drogenbaron." Der Griff zeigte Wirkung und der Verdächtige verlor langsam die Besinnung, zuvor aber schrie er noch einmal auf: „Zugriff."

„Då håsch recht, des isch a super Griff", antwortete der Inspektor. Der bewusstlose Drogenbaron sackte zusammen und Maier legte ihm seine Handschellen an, als wenige Augenblicke später ein lauter Knall und Schreie im Vorraum zu hören waren. Wenige Sekunden danach stürmten zwei Kobrabeamte mit Maschinengewehren bewaffnet die Toilette und schrien den erschrockenen Maier an: „Sofort die Hände hoch." Der Inspektor stotterte perplex: „I bin da Maier und…" Aber da hatte der Innsbrucker schon einen Schlag ins Gesicht abbekommen. Alles um den Maier wurde dunkel.

Es dauerte eine Weile, ehe der Maier wieder ansprechbar war. Leicht benommen fand er sich angekettet an den Heizkörper der Toilette wieder. Er sah, wie sein Verdächtiger Meyer und eine zweite Person über ihm standen und diskutierten. „Ich habe euch ja gesagt, dass solche Späße mit der Mordkommission nach hinten losgehen können. Wir haben alles abgesperrt, aber der Türke ist wie vom Erdboden verschluckt", erklärte der angebliche Drogenbaron Meyer wild gestikulierend. „Wir haben für nix und wieder nix ein ganzes Pokercasino stürmen lassen. Im Spielraum sitzen alleine 62 Augenzeugen, die noch benebelt sind vom Tränengas. Unser Abteilungsleiter ist bereits unterwegs. Ich bin gespannt, was da jetzt kommt."

Späßchen, Türke, Kobrabeamte. Der Maier kombinierte schnell. An der Nase herumgeführt vom Drogendezernat, ausgenützt und als Dummerchen belächelt. Es kochte im Maier, wie niemals zuvor. „Es zwoa Fråtzn, bringts mi sofort zum Abteilungsleiter. I weard euch schu noch Fiaß måchn, es zwoa håbts wohl an Schprung in da Marilln. Måchts jå koane Lazi." Vier Minuten lang ergoss sich Maiers Wutrede über die beiden Beamten, die nichts erwidern konnten. Mit allem hatte der Inspektor, der vor ihnen gefesselt am Boden lag, Recht.
Und das wusste auch der Abteilungsleiter Waldner, der zehn Minuten später mit dem Maier am Gang stand und flüsterte: „Herr Inspektor. Ich verstehe Ihre Lage und Ihren Unmut. Aber wir haben hier ein ernstes Problem. Wenn dieses Missgeschick an die Öffentlichkeit kommt, dann werden Köpfe rollen und das Ansehen unseres gesamten Berufsstands wird in den Dreck gezogen. Ich bitte Sie, es muss doch irgendetwas geben, das wir oder besser ich für Sie tun können…" Der Maier ließ die Worte auf sich wirken und sinnierte kurz. Das Angebot war verlockend, wenn auch nur ein gerechter Ausgleich für sein erlittenes Leid. Die Anstrengungen und der zeitliche Aufwand außerhalb seiner Dienstzeit für die Drogenkommission, dann die schmerzhafte Verhaftung durch das Einsatzkommando und die schlussendliche Demütigung, an einen Heizkörper gefesselt zu sein. Ja, das waren kleine Traumata, die sich zu einem großen Ganzen summiert hatten.

So musste der Innsbrucker nicht lange überlegen und nur wenige Sekunden später flüsterte er mit einem Lächeln auf den Lippen dem Abteilungsleiter ins Ohr: „Jå logisch hätt i då wås…“
Und während bei 62 Pokerspielern auf mysteriöse Art und Weise ihre Strafzettel verschwanden, das Pokercasino einen Monat später feierlich die Eröffnung eines von öffentlicher Hand finanzierten zweiten Spielsaales bejubelte, saß der Maier zufrieden an seinem Arbeitsplatz und putzte den Bilderrahmen seiner erhaltenen Urkunde. Es war zwar nicht im Saal Tirol, dafür in der Polizei-Kantine geschehen. Es waren zwar nicht 100 Schaulustige, dafür aber der Abteilungsleiter des Drogendezernats Waldner, dessen Sekretärin und der Chef der Mordkommission Engelsmann. Und es war zwar kein Orden, dafür aber eine Urkunde. Der Traum Maiers hatte sich verwirklicht. Zwar in einer etwas anderen Form wie erwartet, aber der Stolz kannte trotzdem keine Grenzen.
„Für besondere Verdienste im heldenhaften Einsatz für die Drogenkommission, dankt Ihnen, Inspektor Hermann Maier, das Land Tirol und die Tiroler Exekutive für die Lösung des Fålls. Jå logisch Maier, guat håsch des gmåcht“, klopfte sich der Tiroler stolz auf die Schulter, als er die Urkunde zum wiederholten Male laut vorlas. „Und des Wichtigste: Morgen wird im grünen Innsbruck, der Kommissar Prohaska ein rotes Gsicht kriagn und sich wegen der Urkunde grün und blau ärgern.“

„Sicher ned. Des kennts doch ned mochn mit mir“, schimpfte Kommissar Prohaska an diesem Mittwochmorgen im August, als ihm der Chef der Mordkommission Engelsmann die für ihn so schlimme Botschaft überbrachte. „Da gibt es sicherlich nichts zu diskutieren, Prohaska“, antwortete der tief katholische Chef mit bestimmendem Unterton. „Um 12.30 Uhr kommt der Doktor aus Wien mit dem Zug. Bahnsteig 4. Und du wirst ihn herumführen. Das ist so fix wie das Amen im Gebet.“
„Oba i muss doch den Hans-Peter Schneider beschattn, der se ollawei als 100-jähriger Opa verkleidet und se so gratis in mein Alpenzoo schleicht. Der hot scho dreimal dort oben sein 100. Geburtstag gfeiert, gratis a Bärenfigur vom Fritzl eingsteckt und erst kurz vor der vierten Feier san se eam endlich draufkemman. Jetzt muss i eam auf frischer Tat ertappen“, versuchte Prohaska mit hochrotem Kopf zu intervenieren. „Das ist nicht euer Fall. Den Schuldigen müssen andere ans Kreuz nageln. Das ist die Sache der Betrugsabteilung. Ihr seid für Mord und Totschlag zuständig und solltet zur Abwechslung einmal einen Fall lösen.“ Der Wiener startete einen letzten Versuch - doch als er seinen Mund öffnete, beendete der Chef der Mordkommission mit einem knappen: „Diskussion beendet. Gott zum Gruß.“
Inspektor Maier hatte die Angelegenheit wortlos von seinem Schreibtisch aus beobachtet. Als der Chef den Raum verließ, schnauzte Prohaska in Maiers Richtung. „Du hättest a wos sogen kennan, du Wappler.“ Maier lehnte sich zurück, nahm seine Hände hinter den Kopf und sagte mit einem zynischen Grinsen auf den Lippen: „Na, des wär jå

Kompetenzüberschreitung Prohaska. Des trau i mi sicher nit. Du bisch der Chef von uns zwoa und i bin no in Ausbildung. I darf no går nit mit die oberen zehntausend verkehrn."
„Jetzt auf amoi, du Hundianer. Jeden Tag jammerst, wonn i da wos aufträg. Und auf amoi bist schmähstad, wenn's um wos geht, du Schlüsslwåchtler."
Der Wiener war nicht mehr zu bremsen. Aber er hatte jeden Grund dazu, dachte sich der Maier süffisant. Seit beim Maier diese protzige Urkunde an der Wand hing, ließ dieser entspannt die Füße baumeln. „Glaubst, dass di so a Urkunde von der Arbeit freistellt, ha?" Das Lächeln von Maier wurde noch etwas breiter: „Na, eh nit. Ober, die setzt di unter Druck, weil du woasch, i hun schu wås gleischtet." Und da war plötzlich der Wiener schmähstad.
Prohaska verspürte tatsächlich einen inneren Druck, seit er Morgen für Morgen auf diese Auszeichnung blicken musste. Schon über einen Monat lang ging das so. Bisher war auf seine, wie er empfand, unterbelichteten Kollegen immer Verlass. Kein Erfolg - kein Aufbäumen. Es zog sich wie ein roter Faden durch das Leben des Tirolers. Aber auf einmal hatte der Maier eine Kerbe vorzuweisen. Wo sollte das denn nur hinführen? „Wonn des so weitergeht, dann versetzn s' mi no amoi", dachte sich der Wiener mit leicht panischem Unterton. „Und dann wird s' de Hölle: Vorarlberg."
Nein, das durfte unter gar keinen Umständen passieren. Es war Zeit zu handeln. Aber wie? Der Opa-Schneider wäre der perfekte Fall für Prohaska gewesen. Der Alpenzoo-Direktor persönlich hatte ihn um die Aufklärung gebeten. Das war ja auch naheliegend, weil der Wiener fast jeden Tag dort oben saß. Offiziell um eine Observierung durchzuführen, inoffiziell um seine Freundschaft mit dem Bä-

ren Fritz zu pflegen. „Is scho komisch, mi lassn s' ned amoi a bisserl wos für die Betrugsabteilung mochen. Oba kaum bin i auf Urlaub, dann löst du Sandhos an Fall für de Drogenpatienten an Stock höher. Des darf ja goar ned wahr sein“, bellte Prohaska wütend in Richtung Maier, dessen Lächeln gar nicht mehr aus seinem Gesicht verschwinden wollte. Der Tiroler stand zufrieden auf und schüttete sich einen Kaffee in seine weiße Sheepworld-Tasse mit der Aufschrift: ‚Ohne dich ist alles doof!'

„Jå woasch eh, die Guatn setzen sich irgendwånn amol durch.“ Sollte der Maier ruhig reden. Prohaska hatte jetzt andere Sorgen am Hals. Dr. Thomas Wühler, der berühmte Profiler aus Wien, würde in zwei Stunden am Innsbrucker Bahnhof ankommen. Und ausgerechnet der Prohaska sollte seinen Babysitter spielen. „Der Doktor hat in Wien nur mit Wienern zu tun und er steht auf euren Wiener Schmäh. Also: Nudelaug hin, Rotzpippn her - mach mir den Wühler glücklich“, hatte ihm sein Chef noch unter die Nase gerieben. „Ned mit mir! Wenn's um die Gschaftlhuaber geht, dann bleib i a Gizzigog'l.“

„Ah wås?“

„A Gizzigog'l, a grader Michl, ana, der mitn Kopf durch die Wand geht, ahnungsloser Dodl.“

„Jå logisch! Des bisch auf alle Fälle: a sturer Teifl.“

„I fahr jetzt an Sprung zum Fritzl, weil der baut mi auf und is auf meiner Seitn.“

„Jå, weil er nit zruckreden kånn. Sonst hat der dir schu lang gsågt, wås du für a sturer Depp bisch.“

Und da saß er wieder, der Prohaska. Beim Bärenkäfig im Alpenzoo. Unter ihm genoss der Fritzl gerade eine Wassermelone, während der Wiener ihm sein Leid kundtat. „…und jetzt soll i da Babysitter sein, konnst da des vorstellen?“ Der Bär zeigte keine Reaktion, sondern widmete sich ausschließlich dem fruchtigen Obst. „Bist ollawei no beleidigt mit mir, weil i den Betrüger no ned verhaftet hob? I waaß eh. Oba es dauert nemma lang, dann hob i den Strizzi. Des versprich i da."

Eine Stunde später standen der Prohaska und der Maier am Innsbrucker Hauptbahnhof. Schmollend meinte der Wiener: „I waaß ned, wos es mit die Scheibn hobts. Olles is aus Glas. Die Sowi, die Rathausgalerie, der Bahnhof...und waaßt, wos es Schlimmste is? Olles entwickelt se mit da Zeit zu ana Glas-Guillotine." Maier blickte mit großen Augen in das Gesicht seines Kollegen und reagierte auf die Aussage mit der typischen Tiroler Frage: „Wia moansch iatz des...?"
„Na di Glasscheibn pfefferts auf die Leut obi, ned. Is eh a Wunder, das no kaan dabresselt hot." Maier erhob kopfschüttelnd seinen rechten Zeigefinger und intervenierte: „Na, oan soll's schu troffn håben, ober des håben s' gekonnt vertuscht."
„Wo hostn den Schmarrn scho wieder her?"
„Vom Huber Sepp, da Bruder vom Lechner Franz." Prohaska schüttelte den Kopf: „Ja und? Wer is des? A Politiker oda a direkter Nachfåhre vom Wusel Sepp? Und wie konn überhaupt der Lechner da Bruder vom Huber sein?"
„Der Lechner håt früher Huber ghoaßen, Aff bleder. Ober der håt dann den Namen von seiner Frau angnommen - Lechner hålt. Ober er isch koa Politiker, sondern a Straßenkehrer und håt die Scherbn damals zammenkehren miassn. Er håt ma sogar a Bild gschickt vom Tatort. Wårt i håb's am Handy. Mei, iatz isch mei Handy schu wieder leer."
„Ich konn Ihnen nur eines sagen, Herr Inspektor Maier, es sind nicht die Handys, sondern die Akkus,

die Probleme machn und ich als Profiler stelle mir dann immer die Frage, warum soll ich Sklave der drahtlosen Gesellschaft sein. Sie dringen då in Welten vor, die keineswegs nur ein Zeitvertreib sind“, erklärte plötzlich ein vor den beiden Polizisten aufgetauchter Mann in einem maßgeschneiderten, dunkelblauen Anzug. „Des passt wia die Faust aufs Aug. Sie kennan nur der Obagscheite, tschuldigens, da Obagscheiterte aus Wean sein“, kombinierte Prohaska wie aus der Pistole geschossen. „Herr Prohaska, so ist es. Ha, Obergescheiter. Ihr Wiener Humor ist immer wieder herzerfrischend für mich. Gestatten Wühler, geboren in Tirol, ausgebildet in die USA und arbeitend in Wien. Dos ist meine Welt.“
„Prohaska mein Name. Geboren in Wean, ghakelt in Wean und vor einiger Zeit versetzt noch Tirol. I rauch gern Memphis, mag kaane deppaten Fragn und hab an guadn Schmäh. Bevor ma die Sightseeing-Tour starten, hob i scho a Witzerl für sie: Wos is durchsichtig und riecht nach Karotten? A Kaninchenschas. Und scho darf gelacht werden.“
Der Kommissar und der Profiler begannen herzhaft laut aufzulachen. „Ich konn Ihnen nur sagen, Herr Prohaska, Sie sind wirklich ein Pfundskerl.“
„Ja freili. Und i hab no viel mehr für eana. Oba jetzt schau ma uns die Berglandschaft an. Segns eh, die Seegruben rechts, da Kofel links. Herrlich, ned. Kurz einatmen und Abfahrt.“

Zehn Minuten später saßen die drei im Dienstauto und Prohaska zog seine „Fast Sightseeing-Tour“ ab: mit Blaulicht und im Auto sitzend. „Zu Ihrer Linken is oiso da Bahnhof, wor ma eh grad. Jetzt bieg ma in de Salurnerstraßn ein, da links is des Casino, herrlich, wieder aus Glas wie olles in Innsbruck, dann wieder links de Triumphpforte, ganz berühmt und ganz bekonnt wegn...ja...eh scho wissen. Des is de Maria-Theresien-Straße, bekonnt für de Einkaufsläden und...ja...eh scho wissen. Ah ja, dort is es Goldene Dachl. I sog ollawei Schasdachl, weil die Taubn olles vollscheißn, ned. ... So, do die Schanzen - ollawei beleuchtet, dafür oba nur amoi im Johr benützt. Do habn s' wieder guad grechnet und bevor ma ins Fußball-Stadion fahrn no a kurzer Schmäh zwischendurch: Wos sogt a Krokodil, wenn's an Clown gefressen hot? Schmeckt irgendwie komisch." Innsbrucks Höhepunkte untermalt mit Wiener Schmäh - alles in nur 13 Minuten. Ein echter Wiener weiß eben, wie es geht.

„Herr Prohaska, ich bin jå eigentlich ein Tiroler und kenne die Innsbrucker Juwelen der Sightseeing-Tour auswendig, ober ich wollte Sie nicht in Ihrer Welt stören." Der Kommissar blickte mit einem wütenden Blick in den Rückspiegel und meinte: „Heast, wieso sogst du nix, du Auntepschter. Des san 13 Minuten meines Lebens, de wos i nemma kriag!" Der Profiler konnte sich nicht mehr halten: „Auntepschter! Köschtlich, Herr Prohaska. Ich konn mich nicht mehr einkriagn. Wenn Sie so weitermåchen, dann brauche ich womöglich bald eine neue Unterhose. Wenn Sie meine Welt verstehen."

„Jo, spätestens dann, wenn i da a Marschierpuiver in dein Kaffee tua."

Nach der Tour war vor dem Fall und so stand der rote Audi kurze Zeit später in der Andreas-Hofer-Straße, direkt vor der Wohnung des Opa-Schneider. „Zerst di Arbeit, dann der Foll", lachte der Wiener in sich hinein. „So wird da Hellseher anfoch integriert." Maier wusste sofort, was der Kommissar vorhatte. Und die Aussicht darauf, dass es dem Wie-

ner einen Haufen Probleme einbringen würde, ließ beim Tiroler wieder sein zufriedenes Grinsen hervorkommen. Dem Wühler schien dies alles egal zu sein, der genoss den Tapetenwechsel und erzählte begeistert dem Inspektor von seriöser Forschung. „Seit einem halben Jåhr betreiben wir Forschungen, um herauszufinden, ob Passivrauchen den Humor fördert."
„Und wås isch mit aktivem Rauchen?", zeigte der Tiroler großes Interesse an den Ausführungen des Doktors. „Nein, nur passiv."
„Unglaublich. Und wer zahlt denn solche Forschungen, ha?", wollte der Tiroler jetzt unbedingt wissen. „Diese Forschung zahlt die Humorabteilung der Firma Philip Morris."
„I hun goar nit gwisst, dass die vom Tabak so luschtig sein?"
„Ober Herr Maier. Das sind die Lustigsten unter den Humoristen. Schließlich bekommen die viel Geld für ein legalisiertes Suchtmittel, das regelmäßig Menschen unter die Erde bringt und dem nicht einmal die Anti-Werbung auf der Packung schaden kann. Da kommt man aus dem Lachen gar nicht mehr raus, Herr Inspektor. Das sind Welten!"
Prohaska interessierte der wissenschaftliche Nebenschauplatz auf der Rückbank nicht. Der starrte kommentarlos auf das Haus vor ihm.
„Wir håbn auch vor drei Jåhren für BP geforscht, ob ihr Öl die Sehkraft bei einäugigen Clownfischen wieder herstellen kann", eröffnete der Profiler die zweite Runde in Sachen „Forschung und Wissenschaft". „Für diese Zwecke hoben wir mit dem FBI eine Bohrinsel im Golf von Mexiko angesägt." Inspektor Maier schüttelte ungläubig den Kopf: „Und wås isch passiert?"
„Die Studie dazu hot erst gerade begonnen, weil die

Bohrinsel drei Jåhre lang nicht umfallen wollte." Ein kurzer Seufzer bei Maier sollte seine Enttäuschung zum Ausdruck bringen. Die spektakuläre Einleitung des Profilers hatte nichts mit dem schwachen Ende gemein, dachte sich der Tiroler.

Gespannt starrte Prohaska auf die Eingangstüre des Wohnhauses. „I muss ma den Oidn schnappen. Sonst red der Fritzl nix mehr mit mir. Vielleicht is der Oide scho im Zoo? Na, er geht ja ollawei nur am späten Nachmittag. Wos eh scho verdächtig is, dass a Oida erst so spät in Zoo geht. I man, ka Pensionist traut se normalerweise nach 16 Uhr aus der Wohnung. Außer de Kukident is bei de Friedhofsblonden ausgangen", erheiterte sich der Kommissar mit einigen Belanglosigkeiten selbst. Währenddessen ging die Rückbank in die dritte Runde „Wissenschaft von heute". „Dumme Leut gibt's ober schu viel mehr als gscheite, geh", ärgerte sich der Maier. „Das konn man so nicht generalisieren Herr Maier. Des is dasselbe wie mit den Amerikanern", gab Wühler dem Inspektor das nächste Rätsel auf. „Jå logisch! Na, wårt amol. Wia moansch iatz des?", begab sich Maier wieder in das Tal der Fragenden. „Trotz des Klischees der kollektiven Dummheit hoben die Amerikaner mittlerweile einen schwarzen Präsidenten und da sind sie uns voraus." Jetzt nickte der Tiroler kräftig und bestätigte: „Jå då håsch recht: Der Busch isch echt a Neger." Ohne den fragwürdigen Beitrag des Inspektors zu kommentieren, beendete Wühler seine Theorie mit den Worten: „Das wäre in unseren Breitengraden ungefähr so, als würde ein in Österreich geborener Türke auf einmal Bundeskanzler werden: Ein Ahmet Fischer oder Ergün Klestil. Sie dringen da in Welten vor, Herr Maier. Unglaublich komplexe Überlegungen ohne realistischen Hintergrund."

„Vielleicht sollt ma amoi angreifn und ins Haus einigehn. Schaden konn's sicher ned", meinte Prohaska mit sich selbst ringend. „I maan, vielleicht is do ana, der wos gsegn hot oda wos dazählt und sie dann ausilahnt und i so endlich den Foll...ned."

„Jå ober, wenn die Firmen die eigenen Forschungen zahln, dann waren die jå deppert, wenn sie wås ausafinden, wås gegen sie spricht. Oder lieg i iatz komplett fålsch, Doc?", fragte Maier in einem hellen Moment. „Das hoben Sie jetzt gesagt, Herr Maier. Ober die Hand, die mich füttert, kann ich nicht abhacken, wenn Sie meine Welt verstehen." Maier saß mit großen Augen vor Wühler und meinte: „Ach so. Na dann håb i mi doch getäuscht. Des håt iatz lei sehr plausibel klungen."

„Hey, es zwa Sigmund Freuds für Arme. Gemma", unterbrach Prohaska den kurzen Moment der Erleuchtung bei Maiers Gedankengängen. Mit schnellem Schritt querte Prohaska wild um sich blickend die Straße, gefolgt von den beiden Wissenschaftlern Maier und Wühler. Dem Prohaska raste sein Herz und er dachte sich: „Jetzt nix falsch mochn, dann hoben mir bald den ersten Foll für dieses Johr im Sackerl."

Die drei Herren betraten durch die offene Eingangstüre das Stiegenhaus. Gleich neben dem Eingang befand sich eine Reihe messingfarbener Briefkästen an der Wand. Rechts neben ihnen führte eine Stiege in ein dunkles Nichts nach unten. „Na, bevor ma in die Garage gehn, durchstöber ma lieber die Post. A Brieferl da, a Brieferl dort und dann vielleicht is dort no ana, der wos gsegn hot oda wos dazählt und sie dann ausilahnt und i so endlich den Foll...ned", dachte sich Prohaska.

„Die von Shell finanzierten Forschungen…“, ließen sich Wühler und Maier auch im Stiegenhaus bei ihrem Streben nach höherer Wissenschaft nicht unterbrechen. „…låss mi raten Doc: Des Öl håt den weißen Hai um oan Meter wachsen lassen.“ Der Doktor schüttelte den Kopf: „Nein, Herr Maier. Des wäre jetzt schon sehr weit hergeholt.“
Raucher, Öl, weißer Hai - der Prohaska schielte unbeirrt in eines der Postkästchen, ohne etwas erkennen zu können, als er plötzlich Schritte hinter sich hörte. Im Augenwinkel sah er einen alten Mann mit Schnauzbart und mit einer dunkelblauen Baseball-Kappe an sich vorbeigehen. Einen kurzen Moment kehrte der Wiener gedanklich zu der Überlegung zurück, wie er nur den Briefkasten illegal öffnen könnte, als ihm das Gesicht des Mannes auf einmal bekannt vorkam. Schnell drehte er sich um und beobachtete mit prüfendem Blick die breite Gestalt, die an den diskutierenden Maier und Wühler wortlos vorüberging. „Na klar. Des is er, de oide Blunzn“, dachte sich der Prohaska, verbunden mit einem kräftigen Adrenalinschub. „Maier“, schrie der Wiener, so laut er konnte. Und sein Schrei, verstärkt durch den Hall des Altbaus, dröhnte wie ein Nebelhorn, das bei der Abfahrt eines Dampfers durch den gesamten Hafen zu hören war. „Im Namen des Fritz, des is der Opa-Schneider!“
Die folgenden Ereignisse erinnerten an den Domino-Day: Der Maier erschrak wie selten zuvor in seinem Leben durch das Geschrei und schlug aufgrund seiner panischen Reaktion seine Arme zur Seite. Dabei traf er mit der Rechten den Wühler an seiner linken Schulter. Der Doktor, nicht rechnend, einen Schlag von links zu kassieren, wiederum, hüpfte wie ein erschrockenes Tier nach hinten und gab dabei dem Opa-Schneider einen gehörigen

Rempler mit. Schlussendlich war der Opa-Schneider der eigentliche Leidtragende. Sein Sturz über die Stiegen in das dunkle Nichts ließ schon beim Zuhören nichts Gutes verheißen.

Zwanzig Minuten später war das Stiegenhaus voller Uniformierter. Rettung, Feuerwehr und Polizei werkelten am Tatort herum. Vor dem Prohaska stand der gebürtige Bayer Hans Joachim Zippert, der Abteilungsleiter des Betrugsdezernats, mit hochrotem Kopf: „Du wiener Saupreiß, du japanischer…woaßt du ibahapts, wia du uns in die Scheiße gritten host, Prohaska? I soillt da dei Fozn…“, unterbrach sich der Zippert selbst, um seinen Zorn unter Kontrolle zu halten. „Du Manschgal, wenn des on die Öffentlichkeit kommt! I sieg schon die Schlogzeile: Berühmter Profiler, der ‚In Welten vordringen' und ‚In Welten vorgedrungen' geschrieben hot, schupst bei seinem Kurzbesuch in Innsbruck einen gebrechlichen Tatverdächtigen die Stiege nunter. Rentner stirbt durch Genickbruch.“
„Na jo, logger bleiben. Die Zeitung muss erst amoi erfundn werdn, wos a 48-zeilige Schlagzeiln hot“, erwiderte der Wiener mit provokanter Gelassenheit.
„Prohaska, i bin do ned an Gandhi sei Breznsoiza“, stieg ihm der Abteilungsleiter fast auf die Schuhe.
„Amoi ganz langsam, Freund der Schlagzeile. Wonn i des richtig summier, dann schau ma eh super aus. Da Obagscheite aus Wean hot durch sei anzig guade Aktion heut dem Opa des Fliagn beibringen wolln. Er hot halt ned einberechnet, dass a alte Taubn mit zerupfte Flügel ned fliagn konn, egal wie schnell er mit die Flügl schlagt. Dafür habts es die Tür von dem Oidn aufgmocht und habts entdeckt, dass der seit Johren des Heu vom Streichelzoo im Alpenzoo mitgehn hot lassn und des olles auf ebay ois Bio

Heu versteigert hot. Ergo, vasteh i übahaupt ned, warum du mi von der Seitn bled ånredst. Des is olles eine Frage der Erzählweise. I wü ned, dass mei Chef dafragt, dass i trotz seines Verbots im fremden Teich taucht bin und ihr wollts ned, dass da Wühler ins Fadenkreuz kommt. Oiso, wie dazähl ma die Gschicht, so dass mia alle a Freud hoben, du blader Ungustl?" Der Abteilungsleiter stand mit offenem Mund vor dem Wiener. Kein Pieps, kein Paps und schon gar kein Pups war mehr zu hören. Stattdessen nahm der Leiter sein Handy aus der Tasche und verschwand in den ersten Stock. Der Kommissar zündete sich genüsslich eine Zigarette an und blies den blauen Dunst durch den Gang. „Wås soll ma den iatz måchn? Wås håt er gsågt? Wieso håsch du überhaupt die vom Betrug angruafen und nit unsern Chef?", wimmerte der Maier, als er aus dem hintersten Eck des Stiegenhauses zum Prohaska rüberkam. „Überlass des in Papa. Glaub ma, du weast no lang bei da Polizei arbeitn und irgendwonn vielleicht amoi a Kommissar werdn. Oba du darfst ned glei die weiße Flaggn hissen." Ungläubig starrte der Tiroler den Wiener an. Aber die überzeugenden Worte ließen ihn zumindest mit dem Gejammer aufhören. „Du, Saupreiß", rief der Chef des Betrugsdezernats aus dem ersten Stock hinunter. „Kumm."

„Ich kann Ihnen nur das eine sogen, liebe Frau Kramer. Ich hob in diesem Moment nicht an die Folgen gedacht, sondern bin einfach auf diesen Kriminellen hingestürzt, der da mit einem Messer auf mich zugelaufen kam. Ich wår da in meiner Welt und wusste: du oder ich", erklärte Doktor Wühler gestenreich am selben Abend bei *Tirol heute*, während Prohaska sich eine Forelle in der Pfanne zubereitete. „Und dieser Kampf auf Leben und Tod, das ist eine

Erfahrung, Frau Kramer. Ich kann Ihnen nur eines sogn, das werde ich bald als Buch präsentieren."
„Das würde uns alle sehr freuen Herr Wühler, wenn Sie wieder einen Bestseller auf den Markt bringen würden. Hätten Sie schon einen Titel?"
„Nach ‚In Welten vordringen' und nach ‚In Welten vorgedrungen', würde ich kriminalpsychologisch zu ‚Sich in Welten befinden' tendieren."

Zwischen Wühler im TV und der Forelle in der Pfanne läutete das Handy des Kommissars. „Respekt Prohaska. Ich habe schon vom Betrugsdezernatsleiter gehört, was Sie getan haben", erklärte der Chef der Mordkommission Engelsmann mit sanfter Stimme. „Bei Gott, das hätte ich mir nicht gedacht, dass Sie den Wühler tatsächlich nur herumgeführt haben. Ein äußerst großer Zufall, dass er dann durch seine Fähigkeiten als Profiler diesen Betrüger zufällig in dessen Straße auch noch erkannt hat. Aber der Leiter des Betrugsdezernats lügt nun mal nicht. Wie im Namen Jesu hat der Wühler eigentlich das gemacht?"
„Na ja, er hot den Opa-Schneider vor seim Haus einigengan gsegn und hot gmaant, der kommt ihm so verdächtig vor. So wie der geht hoit. Die Profiler wissen ja, wie ana tuat, wenn a wos ausgfressen hot. Dann hot a so vor sich hingedacht und gmaant: Vielleicht is do no ana, der wos gsegn hot oda wos dazählt und sie dann ausilahnt und er so den Foll…ned. Hätt i eam nie zutraut, ehrlich. Oba so täuscht ma sie oft in Menschen, ned. Die Wege des Herrn…eh scho wissen, Herr Chef", antwortete Prohaska, ohne rot zu werden. „…die sind unergründlich. Sie waren sehr aufrichtig und ehrlich zu mir. Ich aber nicht ganz zu Ihnen", stotterte Engelsmann plötzlich. „Ich muss etwas beichten, Herr

Prohaska. Es liegt mir schon zu lange auf der Seele. Um ehrlich zu sein, exakt einen Monat schon."

„Jösas", wusste Prohaska nicht, was ihn nun erwarten würde. „In 30 Jahren Polizeidienst habe ich noch niemals meine Herde verlassen. Ich bin immer dem Hirten gefolgt. Nur einmal bin ich vom rechten Weg abgekommen. Und das belastet mich", begann der Chef reumütig zu erzählen. „Sie kennen ja die Urkunde von Ihrem Kollegen Maier, die er für die Lösung des Falls vom Drogendezernat bekommen hat. Eigentlich hat der Maier noch gar keinen Fall selber gelöst. Alles hat damit begonnen, dass sich die vom Drogendezernat einen Spaß mit dem Maier erlauben wollten und..."

Zufall statt Abseits

„Geh bittschen, lass mi anglahnt mit deiner Jammerei", keppelte Prohaska an diesem Donnerstagabend, als Maiers Fragestunde im Audi sitzend kein Ende zu nehmen schien. „Die Observierungen sein oanfach so langweilig. Då muss i mi jå ablenken", rechtfertigte sich der Inspektor. „Jo, oba du brauchst ned ollawei mia am Zaga gehn, ned", schimpfte der Kommissar. Fünf Sekunden Pause, dann begann der zweite Teil „Und täglich jammert Maier…": „Wo bleibt der Wühler mitn Kaffee?"

Ja, der Wühler war immer noch in Innsbruck. Und auch an einem seiner letzten Tage seines Aufenthalts konnte der Prohaska keine Sympathien für den Profiler aufbringen. „Den Wühler konn i bled anredn, wie i wü. Der Seelenjäger steht auf mi. Und des ärgert mi no mehr", polterte Prohaska. „Maierle, wahrscheinlich haben s' eam niedagfahrn, weil a die Seele der rotn Ampel durchleuchtn wollt, der Plausch-Pepi. Dann hätt i wenigstens mei Ruah!"

Plötzlich ging die Hintertüre des roten Audi A4 auf: „Ich konn Ihnen nur das eine sagen, meine Herren, das alles erinnert mich an meinen Einsatz in Idaho in den USA 1991, als wir acht Stunden vor dem Haus dieses Kidnappers gewartet hoben. Ich sog's Ihnen, Sie dringen da in die Welt eines Mannes vor, der wie eine tickende Zeitbombe tickt und plötzlich, nachdem die Zeit abgelaufen ist, auch noch explodiert", schwafelte der Wühler in altbekannter Manier. „Na so a Freud. San Sie doch no kommen. I wollt eh scho anrufen bei da Zentrale", ätzte der Wiener in Richtung Rückbank. „Der plauscht ollawei an auf und dabei is nix dahinter. Wie ana nur so berühmt hot werdn kennan, versteh i bis heut no ned. Wahrscheinlich is es a so wie bei dem Jamie

Oliver, dem Haubenkoch von da Insel. Er bringt des Gsicht und den Input kummt oba von zehn andere Köche, de wos eam einsagn. In Wahrheit konn der sicher ned amoi an Omlettinger mochen ", spekulierte der Wiener in Gedanken vor sich hin.
„Mei i hun schu wieder Kopfweh. Vielleicht geh i doch amol zu die Marokkaner-Märkte dort im Rapoldipark. Oder sein die wieder zum Bahnhof umgezogen?", fragte Maier und massierte sich die Schläfen. „Die håben jå so guate Kräuter gegen ålles. Vielleicht a wås gegen mei Kopfweh." Prohaska atmete genervt auf und meinte: „Dir is nimma zhöfen Maier. Wie du durchs Leben kommen bist, is mir bis heut no a Rätsel. Die Marokkaner san kaane Indianer oder Bananenbiaga mit irgendwelche Wundermittel." Wühler lehnte sich von der Rückbank nach vorne und warf ein: „Ich will mich ja nicht einmischen, ober man sogt amerikanische Ureinwohner und pigmentierte Menschen, bitte." Da war sie wieder, die altbekannte und von Prohaska so gehasste „Political Correctness". „Na freili. Des is wia mit de Kinder. Früher hot ma Deppate gsogt, dann Hyperaktive und heut sogt ma Verhaltenskreative. Des bringt's total. Wonn scho ka Umdenkprozess in da Gesellschaft vollzogen wird, dann arbeit ma zumindest sprachlich dagegen."
„Låss decht amol die Marokker-Buabn in Ruah, die verkaffn ja lei so Gewürze Prohaska", intervenierte Maier mit angewidertem Unterton. „Jetzt schlagt's oba dreizehn bei dem Maier", dachte sich der Prohaska und deutete dem Tiroler den Vogel: „Freili, du B-Version vom Willi Dungl. Des war oba der erste Schnittlauch mit halluzinogener Wirkung."

Wenig später kehrte etwas Ruhe bei der Observierungsrunde ein. Der Maier zählte die roten Autos, die vorbeifuhren, der Wühler schrieb auf ein Blatt Papier die Einführung zu seiner neuen Buchidee „Sich in Welten befinden“. Und der Prohaska sinnierte zum Thema Alltag als Polizist: „Sitzen, nasenbohrn, dem Maier zuhorchen, nasenbohrn, beobachten und wonn's no amoi sein muaß: nasenbohrn. Eigentlich hot a eh recht, da Maier. Für die Observierungen brauchst an eigenen Humor. „Wieso sein wir überhaupt då?“, unterbrach der Inspektor plötzlich sein Zählen. „Mia solln die Tür beobachten und wonn der Typ da ausakummt, solln mia die Kollegen Huber und Scheiber informieren“, deutete der Prohaska genervt auf ein Fahndungsfoto. „Und wenn der erscht morgen in der Friah außageht?“, nutzte Maier die kurze Gesprächigkeit seines Partners. „Kaschperl, wos glaubst denn, wos ma dann mochen, ha? Dass die Kiebitzerei kaan Spaß mocht, wiss ma eh.“

„Des weard ober schian långweilig. Kemma nit eppes spieln oder so?“

„Jetzt draht a komplett durch, da Tiroler. Immer wenn i maan, du konnst goar nemma deppata werdn, folgt ah scho ein neues Heureka, du geistiges Nackerpatzl.“

„Du kunsch eh weiter auf die Tür schaugn. Geh Doktor, mir zwoa måchn ober wås.“ Doktor Wühler lehnte sich interessiert nach vorne und antwortete: „Das klingt kriminalpsychologisch sehr interessant, Herr Maier, und ich tauche da gerne in Ihre regressive Welt mit ein.“

Enthusiastisch begann Maier zu rätseln: „Horch her. Ich seh…äh…ich seh wås, jå und… ähm... also…ich sehe wås... jå und...du hålt nit.“ Noch bevor Wühler etwas sagen konnte, schrie der Kommissar: „Ma bitte, des geht ganz anders. Ich seh wos, wos du nicht siehst, und des is…äh…schwarz.“ Hektisch schrie der Maier auf: „De Eingangstür von dem Haus do." Fuchtelnd warf der Profiler von der Rückbank ein: „Nein, nein die Seele des Passanten vor uns."

Eine halbe Stunde später stand ein weiteres Gesellschaftsspiel auf dem Programm. „Wer bin i?", fragte Maier und begann mit eigenartigen Glucksgeräuschen: „Gur, gur, gur…", und blickte gespannt in das Gesicht von Prohaska und Wühler. Die beiden blickten einander ungläubig in die Augen. „Sog amoi, wer mocht scho gur und is no ned in de Klapse eingliefert worden?"
„Jå spinnsch! I bin a Amsel."
„Du Schüttler! Dann musst doch sogen: Was bin i und ned wer!"
„Jå, ober sonst wissts es des jå glei. Okay. Ober jetzt: Wer bin i? Sie wåren gestern schu wieder nit da, Herr Maier." Und blickte mit diesen Worten erneut hoffnungsvoll in die Gesichter seiner Zuhörer. Prohaska kratzte sich an der Stirn und zeigte seinem Partner den Scheibenwischer. „Wer soll des bitte sein?"
„Mei Briefträger: da Georg Pichler."
„Ihre eigenwillige, ober durchaus ausbaufähige Interpretation des Ratespiels hat mich nun zu einer Interpretation meinerseits inspiriert", verkündete Wühler, legte seinen Zeige- und Mittelfinger über die Oberlippe und schrie: „Seit 5.45 Uhr wird zurückgeschossen." Schweigen erfüllte das Dienstauto und der Profiler lächelte: „Ein kleiner Tipp, der Politiker lebte vor rund siebzig Jåhren."
Maier kratzte sich am Hinterkopf und spekulierte: „Boa...da Waldheim?"
Prohaska lehnte ab: „Bei uns hot der Geschichtsunterricht ollawei 1918 aufghört und 1970 erst wieder ongfangen."

Eine halbe Stunde später schaute der Kommissar auf seine Uhr und dachte sich: „So vergeht de Zeit jo viel schneller. Jetzt moch i ma den Maier amoi zunutze."

„Maier, du großer Imitator. Du konnst ja praktisch alle imitieren, oda?", fragte Prohaska scheinheilig.

„Jå logisch", antwortete der Tiroler selbsbewusst.

„Konnst du mi vielleicht a nachspüln?"

„Di? Nix leichter als des", posaunte Maier und begann gestenreich mit gebrochenem Wienerisch zu sagen: „Wos is blau und liegt unter einem Pilz? Schlumpfscheiße, ha ha ha." Profiler Wühler brach in gellendes Gelächter aus und klopfte sich auf den Oberschenkel, während Prohaska seinen perfiden Schlachtplan umsetzte. „Leiwand Maierle. Wonn i da jetzt a Nummer gib, konnst du di dann ois i schlaumochen?"

„Logo", antwortete der Inspektor mit einem leichten Misstrauen. „Welcome to the Prohaska-Zone", hörte der Wiener seine innere Stimme jubeln. Er lächelte und reichte ihm sein Handy: „Guad, Maierl. Und los geht's."

„Und mit wem muss i quatschen?" Prohaska kratzte sich am Hinterkopf, kaute auf seinem Zeigefinger und grübelte: „Wos soll er denn mit der Monika nur redn? I steh ja nach wie vor auf mei Ex, eh klar. Er soll anfoch checken, ob sie mi no will… oda… na… wie's ihr geht, möcht i amoi wissen. Genau", fand der Wiener gedanklich eine Lösung. „Der Name von der Frau is ned wichtig, Maierle. Du fragst die Person, ob sie den Prohaska no kennt und…dann schau ma amoi weiter."

„Hallo Puppal, do is da Mai…äh Schneggal, waaßt eh...", begann Maier zu Prohaskas Entsetzen mit dem miserablen Schauspiel. „Heulicha Bimbam, die glaubt, i bin komplett deppat worden", sah Prohas-

ka vor seinem geistigen Auge seine Monika mit verärgertem Blick vor sich sitzen.
„Sog amoi, Baby, wos is weiß und fliegt von Baum zu Baum? Da Tarzan im Nachthemd, ha ha ha“, erreichte Maiers Improvisation den unrühmlichen Höhepunkt, als plötzlich ein lauter Knall das Auto erfüllte. Etwas war auf der Motorhaube des Autos gedonnert und ließ die Frontscheibe zersplittern. Unzählige Scherbenteile schossen wie kleine Geschosse durch das Auto. Wühler schmiss sich seitlich auf die Rückbank, Prohaska und Maier rissen im Reflex ihre Hände vors Gesicht. Als das Scherbenschauspiel Sekunden später zu Ende war, schauten sich die drei mit einem entgeisterten Blick an. Das Ausmaß des gerade Passierten war für keinen der drei Herren fassbar. „Wår des a Atombomben?“, fragte Maier mit Tränen in den Augen. „Oiso hin kemma ned sein, weil so blede Fragn stellt ka Toter, sondern nur a Depperta“, dachte sich Prohaska und gab dem Tiroler diplomatisch zu verstehen: „Na freili Maier. Du strahlst eh scho wia a radioaktives Schwammerl, du Schneebrunza.“

Als die drei aus dem beschädigten Audi ausstiegen, machten sie eine erschreckende Beobachtung. „Jå Teifl. Des isch a Mann, der wås då auf da Haubn liegt. Na, i kunn nit hinschaugn. So viel Bluat. Lebt der no?“, legte Maier die Hände vor Graus vors Gesicht. „Na, der lebt sicher nemma“, wimmelte Prohaska bei einem genauen Blick ab. „Schaug liaba genau, des kennsch eh von die Filme, wenn s' dann aufwåchen…“, fügte der Tiroler mit traumatisiertem Blick hinzu. „Wonn der no lebt, dann müsst ma oba beim Guiness Buch der Rekorde anrufen. Sei Gsicht schaut in Himmel aufi, oba der restliche Körper in Richtung Erdmittelpunkt. Wonn der jetzt no

des Einmaleins aufsogt, dann wär uns der Einträg auf Lebenszeit sicher", sparte Prohaska nicht mit einer Portion Galgenhumor. Gedanklich war der 45-Jährige schon einen Schritt weiter: „Ha, so unpassend wie der uns gstört hot, fallt ma da a makaberes Scherzerl ein."
Schmunzelnd erklärte Prohaska: „Freunde, sogt die eine Eintagsfliege zur anderen: Wos moch ma denn morgen?" Der Inspektor und der Profiler reagierten nicht. „An mir is wirklich a Kabarettist verloren gangen. Ollawei an guten Spruch zur rechten Zeit - des nenn i Prohaskas-Zeit. I bin unglaublich."
„Ober Herr Prohaska, dieser Mann sieht aus wie der Gesuchte auf dem Fahndungsfoto", beendete der Profiler Prohaskas geistige Selbstloberei. „Na do schau her. Des is ja…so a Schas", sagte der Wiener und kratzte sich an der Stirn. „Wieso isch des schlecht?", fragte der Maier, ohne den Blick auch nur ansatzweise in Richtung der Leiche zu wenden. „Unser Verdächtiger landet auf da Motorhaubn von unserm Auto. Des klingt schon ned guad, oda Maier? Mia wissen ned amoi annähernd warum, wieso und weshalb. Und noch dazu hot des Gebäude kaane Balkone. Geh moch an Funkspruch Maier und dann konnst glei den Scheiber anpiepsen, de wortn eh nur zwa Parallelstraßn weiter. Sie solln kommen. I wer ma wos aus die Finger saugn."

Während Wühler den Leichnam mit den Worten „In die Welt eintauchen, in die Welt eintauchen" aus jeder nur möglichen Perspektive beobachtete, rätselte Prohaska über den Tathergang: „Jetzt sitz i in da Rue du Gagg. Da Verdächtige wird zum Vogerl ohne Flügl. Ah jo, eigentlich hätt ma jo des Haus stürmen miassn. Du bist a nemma des, wos amoi worst, Prohaska. Na ja, in Wean wär ma des ned passiert. Oba seit i da bin, is die Motivation a passé. Konzentrier di. Wos moch ma?" Maier machte indes den Funkspruch: „Kontaktlinse an Optikzentrale, kommen. Jå, schickts decht a Verstärkung in die Sonnenburgstraßn, wir håbn da an 122 b. Na Bledsinn des isch a Amoklauf mit Schusswaffe. Prohaska, wås isch a möglicher Selbstmord?"

„Des is a 144 c."

„Echt? Wår 144 c nit a Zuhältermord mit Messer?"

„Na, des is a 155 a. Bittschen bring ned olles durchanonda, heast."

„Hasch recht. Kontaktlinse an Zentrale, wir håbn an 144 c, bitte um Verstärkung, Ende. Und iatz muss i no den Hubert anfunkn. Kontaktlinse an Brille, kommen. Ja Hubsi...wir håbn a Problem. Euer Verdächtiger isch grod auf unsre Motorhaubn gfålln. Des wiss ma nit, weil wir ‚Wer bin i'..." Maier konnte den Satz nicht mehr fertig sprechen, weil ihm Prohaska wutentbrannt das Funkgerät aus der Hand riss „Bist du komplett deppat wordn? Mia kennan jo ned sogn, dass mia Gschroppnspiele gspüt habn, wo ma decht observiern hättn solln, du Tschopperl. Hallo Hubsi, da Verdächtige liegt auf da Motorhaubn, kommts schnell her. Prohaska, die harte Linse, Ende."

„Wås mäch ma iatz? Die Kollegen sein glei då. Die håbn uns, die håbn uns", verzweifelte Maier. Plötzlich trat Wühler zu den beiden und meinte: „Ich konn Ihnen aufgrund der Faktenlage ein Täterprofil bildhaft in ihre Denkwelten projizieren: Das Opfer hat einen Kampf hinter sich mit einem Mann mit kräftiger Statur oder einem mächtigen Mann mit Kung-Fu-Kenntnissen oder einem Marine-Soldat oder einem Bauarbeiter mit 80 Zentimetern Bizeps. Der Verdächtige wår groß oder klein und stark oder groß und stark ober mit schwacher Schlagkraft. Die

Schuhgröße wår auch groß, ober nicht übergroß, also nicht zu groß, das ist wichtig. Die Haare wåren kurz oder auch lang." Kommentarlos starrte das Duo auf den Profiler. Der ging wieder zurück zur Leiche und begann die Prozedur von neuem mit den Worten: „In die Welt eingetaucht. In die Welt eingetaucht."

Zwei Minuten später arbeiteten bereits 15 Personen am Tatort. Kommissar Huber kam auf Prohaska und Maier zu. Der Wiener stärkte sich gedanklich: „Jetzt konnst zaubern, oba bis jetzt wor des no nie a Problem. Erinner di zruck, wie no jung worst und kickt host. Da worst ollawei präsent."
Noch bevor der Kollege bei ihnen war, flüsterte Prohaska zu Maier: „Des is wia beim Kicken. Moch mit mir an Doppelpass und i moch des Tor, glaub ma des."
„Wås hasch iatz gsegn, ha? Bei euch zwoa kimmt jå immer lei a Topfen außer", fragte Kommissar Huber misstrauisch. Der Anpfiff zum Fußballspiel war erfolgt:

Willkommen meine Damen und Herren beim heutigen Spiel zwischen Kommissar Prohaska und Inspektor Maier gegen den bisher noch ungeschlagenen Kommissar Huber. Die Mannschaften haben sich bereits auf dem Feld eingefunden und Kommissar Prohaska wird in wenigen Sekunden das Spiel eröffnen. Er schaut, kratzt sich kurz am Hinterkopf, hustet noch einmal und beginnt mit einem leichten Kopfschütteln: „Heast, des wor a so: Do wor a Rascheln und dann hob ma aufs Haus gschaut." Und Kollege Maier versteht, antizipiert und beginnt sich für einen Doppelpass freizustellen, meine Damen und Herren: „Kennsch eh so Geräusche, woasch eh. Am Dach håbn wir dann gsegn…“ Prohaska weiß sofort, was die Täuschungen seines Mitspielers zu bedeuten hat und herrlich übernimmt er das Retourspiel, während der erste Gegenspieler auf ihn zuläuft: „…dass do zwa Haberer so kämpfen, ned. Oiso a Zweikampf mit zwa Leut, oba mia habn nur den Hinterkopf von euerm Mann gsegn und eine Hand von dem Mörder…“ Unglaublich, was für ein Hakentrick. Ein doppelter Übersteiger und jetzt der öffnende Pass in die Tiefe. „…woasch eh wia so a Kampf halt isch. Mit Händ und Fiaß und so. Und die Händ von dem oanen wårn weiß, wås eh schon den Täterkreis eingrenzt, geh…“ Ja unglaublich, wie Maier da seinen Gegenspieler ansatzlos überspielt und jetzt eine wunderschöne Flanke in den Strafraum schlägt, wo der Stürmer Prohaska schon lauert. „…und dann is euer Habera scho gflogen. Mia sofort gschaut, ob no wos zum Reparieren bei eam geht, oba siegst eh. Kopf nach Norden, Körper nach Süden, da hilft nur mehr der Pompfüneberer, der eam eingrabt. Da Wühler hot glei a Leichenstudie gmocht und mia habn euch gruafen, ka Sekund hobn mia verstreichen lossen.“ Nein, Lattentreffer, was für ein Pech. Torwart Huber kontert: „Jå ober wieso håbts denn nit des Haus gstürmt, wegen dem Mörder.“ Das wird jetzt ganz schwer, da noch einmal vorbeizukommen, aber der Ball kommt noch einmal zu Maier: „Jå woasch eh, der Schock. Wår ja decht die erste Leich seit vier Jåhrn bei mir…“ Maier bekommt noch einmal die Zeit zu flanken und da steht wieder Stürmer Prohaska. „…Waaßt eh. Schock konn jo tödlich sein und i wollt ned, dass da Maier a Bangl draht. Drum hob i eam ganz schnell beruhigt. Host scho recht, wor a Fehler. Oba dann is eh ana ausn Haus gsprintet, und zwar dort in Richtung Cine-

plexx Kino und hot a…ja…wos könnt i sogen…wos rotes…?“
„A rote Jacken vielleicht?“ Was für ein Fehler von Tormann Huber, der da mit aufgerissenen Augen den Ball noch einmal aus den Händen fallen lässt. Das hat Prohaska gut überlauert und er läuft auf den Ball zu und braucht diesen fast nur mehr über die Linie zu schieben: „Exakt, jetzt host des Rätsels Lösung. Genau a rote…waaßt eh, ned.“ Da kommt Torwart Huber aber noch einmal auf Prohaska zugestürmt. Jetzt wird sich Prohaska doch das Tor nicht mehr nehmen lassen? „Der isch ober nit zum Cineplexx, sondern exakt in die andere Richtung glofen und bei uns vorbei.“ Was für ein zweiter Fehler von Huber, erneut eine Auflage für Prohaska: „Genau, ma i bin scho total verwirrt. Da Schock, waaßt eh. Du und da Wühler hot a wirklich perfektes Täterprofil entworfen, kennts eam a glei fragen.“
„Wås der Wühler, die Berühmtheit. Unglaublich. Dass mir mit dem überhaupt redn dürfen. So, dann sperr ma schnell ålles ab, der Täter håt maximal fünf Minuten Vorsprung. Des isch nix. Gute Arbeit es zwoa“, sagte Kommissar Huber. Und Tor, meine Damen und Herren, es ist vollbracht. Team Prohaska/Maier gewinnt knapp, aber verdient mit 1:0. Die Fehler von Huber waren an diesem Donnerstagabend einfach entscheidend.

Zwei Tage später saßen die beiden Beamten in ihrem Büro und blickten mit einem breiten Grinser auf die Akte vor ihnen. „Dass des grod möglich isch. Dass du in dem Moment die richtige Farb erraten håsch - wahnsinn! Und dass der echte Mörder a no wås Rotes anghabt håt“, rätselte Maier vor sich hin. „Eigentlich müsst ma dir an Preis für Kreativität im Polizeidienst überreichen.“ Der Prohaska saß wortlos da. Zufrieden. Im Einklang mit sich selbst. Zum ersten Mal seit seiner Zwangsübersiedlung von Wien nach Tirol. Da konnte ruhig ein Hauch Selbstlob einfließen. „Na bitte. Des wär zu viel des Guten, oba i hab schon a Gspür, des muss i zugeben. Foll gelöst und den Wühler san ma endlich los. Der hot sein Urlaub beendet und is wieder noch Wien", schmunzelte Prohaska vor sich hin. „Schad geh, der wår echt a Bereicherung", nickte Maier bei diesen Worten. „No freili, der Obagscheite mit seine Tipps und Weisheiten wor unersetzlich. Zwa neue Bücher mocht der, weil's eam so super bei uns gfallen hot. Ah Wahnsinniger, durch und durch", antwortete der Kommissar mürrisch. „Tua di nit ärgern Bua. Mir worn guad", dachte sich der Prohaska, und das Lachen kehrte zurück. Er klopfte dem Maier auf die Schulter und meinte zufrieden: „Zur Feier des Tages darfst du heut stempeln. Weil im richtigen Moment auf mi ghorcht und gut mitgspült host." Da wurde der Maier ganz rot im Gesicht: „Des isch echt voll nett von dir. Dann kann's losgehen. Unser erschter gemeinsam und vor allem ehrlich gelöster Fåll in dem Jåhr."

Und Sekunden später drückte Maier den berühmten braunen Stempel auf die Akte des Verbrechers. In dicken, dunkelroten Lettern stand darauf: „Fall abgeschlossen."

HERBSTWIND

In Nomine „Minarett“

„Welche Last trägst du mit dir, mein Sohn Maier?“ Mit diesen Worten und mit einem treuen Hundeblick begann Kardinal Meinhard Recher an diesem Freitagmorgen das Gespräch mit dem Inspektor. Dicke Regentropfen prallten gegen das geschlossene Fenster des Büros. Der Herbst zeigte sich von seiner tristen Seite an diesem Oktobertag. Die Landeshauptstadt präsentierte sich grau in grau. Selbst die Seegrube trug einen dunklen Wolkenschleier und ließ keinen Blick auf das von Maier so geliebte, aber stets falsch ausgesprochenen Hafelekar zu. „Des Haflingerkar isch jå für mi persönlich der Ausguck von Innschbrugg. Sie wissen des jå nit, ober der Name Haflingerkar kimmt ja davon, dass sie in die 30er Jåhr dort oben a Messstation errichtet håben. Und die notwendigen Baumaterialien håben sie mit am Haflinger auitransportiert. Und der Name von dem Haflinger wår Kar. I schwör. Håben mir die Kinder im Kindergarten immer erzählt.“ Und seit dem Kindergarten ließ sich der Maier diese Haflingerkar-Anekdote, die nebenbei mehr als falsch war, nicht mehr ausreden. Wer ihn belehrte, bekam zu hören. „Håsch jå koa Ahnung. I bin auf die Berg augwachsen.“ Neu-Rum lag zwar weit unterhalb jeglichen Berges, aber dem Maier seien seine kindlichen Ansichten verziehen.

Zurück zu diesem regnerischen Tag: Herbstzeit bedeutete immer Übergangszeit in Tirol. Zu spät für die Sommertouristen, zu früh für die Wintertouristen. Innsbruck gehörte wieder für kurze Zeit den Innsbruckern. Die Straßen rund um das Goldene Dachl waren angenehm ruhig. Keine japanischen Touristengruppen, die mit ihren Fotoapparaten bewaffnet auf die Jagd nach den besten Motiven gin-

gen. Keine Touristen aus dem nördlichen Nachbarland, die in den Souvenirläden unnötige Fragen stellten: „Haben Sie denn auch diese 130-Kilogramm-Nutella-Gläser, die es auf diesen Autobahnraststationen gibt? Mein Mann Horst-Dieter liebt die ja abgöttisch."
Für den Maier spielte dieses Treiben keine Rolle. Touristen, Regen, Nutella - der Inspektor hatte andere Sorgen. „Jå Hochwürden. I tråg a große Last mit mir. Schließlich sein die vier Bilder, die i mitgnommen håb, richtig schwer zum Schleppen", wagte Maier einen kurzen Ausflug in humoristisches Gefilde. „Dein Vorgesetzter, Engelsmann, übrigens eines der treuesten Schäfchen unserer Kirche, hat mir mitgeteilt, dass du mir mit diesen Bildern eine großzügige Spende zukommen lassen willst", versuchte der Kardinal das Gespräch in die richtige Richtung zu leiten. „Jå genau, Hochwürden."
„Wie kommt denn meine Wenigkeit zu dieser Ehre?", stellte sich der Kardinal als Unwissender hin.
„Also offiziell bin i oanfach a braver Katholik, der seiner Kirche wås zrugggeben möcht", erklärte der Tiroler. „Inoffiziell muss ich Ihnen etwas beichten. Isch des a Problem, wenn i Ihnen des im Büro und nit im Beichtstuhl erzähl?"
„Nein, mein Sohn. Gott ist überall und er wird dir auch hier in meinem Büro deine Sünden vergeben."
„Dann isch eh super. Also des Gånze wår gestern so…"

Zeit: Donnerstagmorgen, 8:10 Uhr, Ort: Büro Kommissar Prohaska und Inspektor Maier, Mission: Prohaska trinkt Kaffee, Maier sucht seinen Memory-Stick.

„Des gibt's doch nit", schrie Maier wutentbrannt auf, als er seinen Schreibtisch durchwühlte. „Sog

amoi, ned a Sekund konn ma in Ruah arbeitn. Maier, hoit endlich den Schlapfn", rief Prohaska vom anderen Ende des Büros aus. Der Kommissar hatte seinen Kaffee auf seine Hose geschüttet - so erschrocken war er. „Du arbeitesch jå eh nix. Sitzsch eh lei då und trinksch Kaffee, Hund bleder", erwiderte Maier immer noch vor Wut schäumend. „Red ned zruck, wonn i viere red, du Negerant", ließ der Kommissar den verbalen Untergriff seines Kollegen nicht auf sich sitzen. „I überleg, recherchier, verbesser, mobilisier, sinnier, konstatier und jawohl, oba des nur im Geiste. Wei da Mensch ned ollawei zur harten Hacklerei geboren is, merk da des."
Maier hatte andere Angelegenheiten zu klären und ließ darum diese Aussage wortlos im Raum stehen. Das wiederum animierte den Wiener zu ein wenig sportlicher Aktivität. Er stand auf und marschierte auf Maiers mahagonibraunen Tisch zu. Mit erhobenem Zeigefinger schimpfte der Wiener: „Sog amoi, wonn i mit dir red und dein geistigen Horizont erweiter, dann gibt's ka Antwort?"
„Zerscht soll i die Pappn haltn und iatz soll i zruggreden? Du woasch a nit, wås willsch", schnauzte der Inspektor zurück, seine Suchaktion dabei aber nicht unterbrechend. „Wer tuat denn so eppes?", fragte er sich. „Jede Wochen desselbe. Immer verschwindet mei Memory-Stick aus meim Fåch." Und jede Woche sperrte der Maier ein neues Model dieser Sticks in seine Schublade. „Ah so a Hurenscheiße", fand der Zorn seinen Höhepunkt.
„Wos suchst überhaupt? Wonnst die Scheidungspapiere von deiner Ex suchst, die san scho unterschrieben und abgschickt, ned." Das war hart. Und das wusste der Wiener. Deshalb säuselte er Sekunden später: „Na wor a Scherzerl, gö Maier. A klaana Karl is ma da auskummen. I waaß, wos die aufbaut, Mai-

er. Wos is weiß und versteckt sie hinta am Baum?", klopfte sich der Wiener schon vor der Pointe mit einem gellenden Gelächter auf den eigenen Oberschenkel. „A schüchterne Mülch!"

„Vielleicht håb i den Stick dahoam eingsperrt", gingen die humoristischen Wortspiele seines Kollegen am Maier vorüber. „Maier, jetzt mochst ma Angst, wonnst auf meine Weltschmähs ned reagierst. Bitte red mit mir. Wos is los?"
„I suach eppes, wås nimmer då isch", antwortete Maier genervt. „Dann frag mi? Vielleicht hab i es ja gsegn", wollte Prohaska helfend unter die Arme greifen. Doch der Maier schüttelte sofort den Kopf und sagte abfällig: „Na, des hasch du sicher nit, weil du des nit amol kennsch." Der Wiener zog angesäuselt von der abwertenden Bemerkung seine Augenbraun zusammen: „Kruzzitiakn. Wos büldst da denn überhaupt ein? Wo samma denn? Du tust so, ois wär da Prohaska, übrigens dein Vorgsetzter, a Deppata."
„Du bisch koa Trottl, ober vom alten Eisn. Du hosch nix mit modernem Graffel am Hut", ließ Maier keine falschen Eindrücke aufkommen. „Nur weil i vielleicht ned dauernd vor dem Computer sitz? Oba deswegen waaß i trotzdem, wos a Tiefkühlpizza, a Handy oda a E-Pod is."
„Des hoaßt I-Pod, du gscheiter Heiter."
„Des haßt E-Pod, weil es elektrische und ned ilektrische Musik haßt …"
„Sigsch und deswegen fråg i di nit."
„I kenn mi aus! Oiso, sog ma sofort, wos du suchst. Des is ein Befehl", polterte Prohaska mit hochrotem Kopf. „Also bitte, du Choleriker. I such mein Memory-Stick."
„Wos suchst?"

„Deswegen såg i nix!"
„I... i hob's akustisch ned verstandn, du Dillo."
„Aha. Mei Memory-Stick is weg."
„Ah so. Na wort, dann nimmst halt mein", lachte der Wiener.
„Des kann's iatz ober nit sein. Der Prohaska und a Memory-Stick? Des isch ja, wia wenn a Löwe mit oana Gazellen zammen Grashalme isst. Des passt oanfach nit zammen", grübelte der Tiroler.
„I hab eam scho." Purer Triumph strahlte aus den Augen des Wieners und siegessicher sagte er seinem Kollegen: „Do host meinen Stick." Und überreichte dem Maier einen schmalen, blauen Labello-Stick.
Der Inspektor kniff seine Augen zu, schüttelte kurz seinen Kopf und sagte: „Prohaska. I respektier di als Vorgesetzten, ober du bisch, wenn's um die Technik geht, wie der erschte Mensch."
„Des is a Stick. Und du suachst an Stick. Also, wo verstehn mia uns ned?"
„I suach an Memory-Stick. Da kann ma Bilder drauf tian. Koan Lipstick, bitte gorschen."
„Wos denn für Bilder?"
„I mal Aquarellbilder, seit i wieder solo bin. Zum Ausgleich."
„Und wos? Wahrscheinlich Häuser wia da Bua vom Schickelgruber seinerzeit."
„Bledsinn, i mal Kirchen. Also eigentlich Minarette. Also des oane Minarett in Telfs håb i gmalt. Viermal, immer aus oana anderen Perspektive."
„Jösas. Wia euer Kardinal da Meinhard Recher, ned. Der malt a Kirchen."
„Echt? Des håb i nit gwisst."
„Do schaust gö? Konnst doch no wos lernen."
„Bledsinn. Wenigstens woaß i, wås a Memory-Stick isch."

„Jo, willst jetzt den Stick von mir? Auf den konnst eh a Bilder aufikleben."
„Bitte Prohaska. I will jå nur mein Frieden und mein Stick finden, okay!"
„Jo oba, wos is an meim Stick so falsch?"
„Bei am Memory-Stick kann ma Bilder und Daten draufspeichern. A Stick für den Computer. Und iatz gib an Frieden."
„Scheiß an Paula und lass mi anglahnt." Gedemütigt und wie ein begossener Pudel ging der Prohaska an seinen Arbeitsplatz zurück.

„Wås mäch i denn iatz? Des wår der dritte Stick und des in vier Wochen", dachte sich der Maier beunruhigt. „Då muaß a Langfinger seine Hände im Spiel håben. Oder seine Finger hålt. I muss reagieren und am besten wissenschaftlich." Der Inspektor kratzte sich, überlegte kurz und hatte schon einen Einfall. „Jå klar, der Wühler. Der woaß, wås zu tian isch. Der woaß ålles ", lächelte Maier. „Dem schreib i a Mail."

Zeit: Donnerstagmittag, 13:15 Uhr, Ort: Büro Kommissar Prohaska und Inspektor Maier, Mission: Prohaska googelt das Wort Stick, Maier liest Mails.

Herr Maier,
Ich kann Ihnen als Profiler nur den Tipp geben, rufen Sie beim FBI bei meinem alten Kollegen Bob Hassler an. Er ist ein Experte in Sachen Diebstahl und hat ein mobiles Diebstahl-Entdecker-Gerät mit dem Namen „The Hassler" erfunden - mit dem können Sie sofort erkennen, wer wo seine Finger im Spiel hatte. Und posthum können Sie es mit Ihrer Datenbank vergleichen.
Mir geht es gut, danke der Nachfrage. Ich arbeite gerade an einer wissenschaftlichen Studie für BMW. Wir schauen, ob ein 5er BMW die kriminellen Gene eines Verbrechers positiv be-

einflussen könnte. Und nachdem ich vor drei Tagen einen eigenen bekommen habe, kann ich nur sagen: Ich glaube, BMW kann es ganz sicher.

Mit kriminalistischen Grüßen
Doktor Thomas Wühler

„Na da schau her. Unglaublich der Wühler." Der Tiroler nahm den Telefonhörer in die Hand und begann zu wählen. „Wen rufst denn jetzt an? Host scho wieda wos verlurn?", fragte Prohaska neugierig. „Der Wühler håt mir a Nummer gebn vom FBI und die helfen mir", antwortete der Tiroler. „Da Wühler? Na guade Nacht. Dann wird's wieder a Hirnidee sein. Oba du waaßt scho, dass die in die USA anders reden ois mia?"
„I kånn Englisch, Prohaska", ätzte der Inspektor. „Hello. Is this the FBI, I am talking? Hello. This is the Maier on the other end of the telephon", begann der Innsbrucker selbstbewusst zu plaudern. Prohaska lauschte und versuchte, mit seinen spärlichen Englischkenntnissen dem Gespräch zu folgen. „I am from the Austria, you know. A Land that is under the Deutschland, ah, the deutsche Land. Germania, you know. Ah what can I say sonst noch? Ah, maybe you know the Hitler? Nazis and so on. Bad Things. Very bad things. All the things were bad things. Hello?"
„Wos is passiert?", wollte der Kommissar ungeduldig wissen. „I woaß nit. I bin in der Warteschleife, glab i. Sie spieln grod so a Musig", informierte Maier. „Ah hello Mister. Ach so, a Frau. I mean Mistress. This is the Austrian Maier speaking. I have lost my stick with four Aquarell pictures of the Minarett in Telfs on it and our friend the Wühler gave me the number of you. You know the Wühler was by me

for a Holiday and we had volle fun, woasch eh. Ah...I should speak with the Hassler, he said on the mail. No, no. You understand me wrong. I want speaking to the Hassler. Hello? No i am from the Austria. I told the other guy of you on the phone before with the Hitler... no i need the Hassler to talk, not the Hitler. Hassler! Kuah, depperte. He has to find the langfinger, ah Dieb, also a man with long fingers in my pocket, you know. This one has stolen my stick. Na, all the sticks I had in my Schublade. Ach so, Schublade. I mean shoeblade, okay? Hello?"
„Und geht wos weiter?"
„Iatz håt sie aufglegt."
„Respekt Maier. So wia des jetzt klungen hot, wor des Gespräch oba sehr professionell von dir. Dei Englisch klingt echt gut."
„Danke. Wenn du des sogsch, dann bedeutet des jå a wås, weil gelobt håsch mi nur ganz selten."
„Na jo, du host ja a scho viel Pfusch gmocht. Wos mi jetzt no interessiert: Warum malst du des Minarett in Telfs?"
„Mi håt des so beruhigt, dass i des Minarett oanfach aus alle Perspektiven gmalt håb. Nord, Süd, West, Ost", erläuterte der Inspektor, die für ihn sehr plausibel klingende Theorie. „Aha. I hob jo, wo die Monika gheiratet hot, angfongen zum Töpfern. So berühmte Sachen wia den schiefen Turm von Pisa oda de Freiheitsstatue. Unser Riesenråd in Wean hab i a scho probiert. Allerdings hot des mit die Speichen ned so funktioniert."
Das geteilte Leid, die verflossenen Frauen - die beiden Polizisten fühlten sich einander sehr nahe in diesem emotionalen Moment. „Waaßt Maier, wir könnten doch amoi an einem Abend gemeinsam..." Und plötzlich wurde die traute Zweisamkeit abrupt beendet. Die Bürotüre wurde mit einem

lauten Rums eingetreten. In wenigen Sekunden standen auf einmal acht Cobra-Beamte mit dem Sturmgewehr im Anschlag in dem Büro und warfen die beiden wie angewurzelt dasitzenden Beamten auf den Boden.

Zeit: Donnerstagnachmittag, 15:05 Uhr, Ort: Büro des Chefs der Mordkommission Engelsmann, Mission: Prohaska sucht Ausreden, Maier weint.

Engelsmann blickte wütend auf den Inspektor Maier, während Prohaska wild gestikulierend erklärte: „Und i sog no zu eam: Lass des mit dem FBI, deine Englischkenntnisse reichen dafür ned aus. Oba du redest jo gegen a Wand. So geht's mir andauernd. Dann fangt der mit dem Hitler an und so hot olles sein Lauf gnommen. Es tut ma echt leid, oba i hab des ja nur peripher mitkriagt, weil i jo a Protokoll abtippen hab müssen. Bei uns tipp jo fast ollawei nur i."

„In Ordnung. Danke Herr Kommissar. Den Rest werden der Inspektor und ich alleine besprechen", schickte der Chef der Mordkommission den Wiener aus seinem Büro. „Ja Maier, mein verirrtes Schäflein. Das sieht ganz schlecht aus. Hitler und Nazi-Aussagen - da hat nicht nur der Herrgott, sondern auch das FBI wenig Verständnis dafür. Und in null Komma nix war Europol, dann Interpol und dann die Cobra verständigt. Und jetzt warten alle auf Antworten", meinte Engelsmann mit vorwurfsvollem Blick. „Chef, im Namen des Herrn, sie miassen mir helfen. Holen S' mi zruck auf den rechten Weg", beklagte der Tiroler. Nicht ohne im Hinterkopf zu wissen, dass Engelsmann sich um seine verirrten Schäfchen kümmern würde.

„Jå und iatz sitz i mit meinen Bildern bei Ihnen Hochwürden, weil der Engelsmann gmoant håt: Er kånn mir nur helfen, wenn i Ihnen hilf, weil i dann automatisch a Gott hilf. Es Heiligen seids jå die Pressesprecher vom Gott“, sagte Maier mit hoffnungsvollem Blick. „Das stimmt mein Sohn. Und wie Jesus schon sagte: Was ihr dem Geringsten meiner Brüder getan habt, das habt ihr mir getan.“ Maier stutzte kurz: „Håt er des nit anders gmoant. Und wår des noch dem Fisch und dem Wein, wås er da in Brot und Wasser verwandelt håt?“

„Mein Sohn, dein Geist scheint verwirrt. Aber ich weiß warum, wenn ich mich an die Schlagzeilen der heutigen Zeitungen erinnere. Die Presse feiert die erste global vernetzte Polizeiübung. Das FBI, Euro- und Interpol und die Innsbrucker Exekutive zeigten, wie schnell ein Verbrecher über Telefon von den USA aus in Innsbruck gefasst werden konnte. Das gilt als Quantensprung in der kriminellen Historie. Da kann man schon einmal verwirrt sein.“ Recher stand aus seinem großen Ledersessel auf und ging auf Maier zu: „Ich spreche dich los von deinen Sünden mein Sohn. Und da du mir deine Bilder nun mit einer unterzeichneten Verzichtserklärung überlässt und diese Minarett-Zeichnungen von nun an der Kirche gehören, brauchst du auch nur drei Ave-Maria beten.“

„Ma super, danke. Eine letzte Frage, Hochwürden: Wås passiert mit meine...äh...Ihre Bilder iatz?“

„Wir von der katholischen Kirche machen übermorgen zusammen mit einer islamischen Glaubensvertretung eine Vernissage in Zürich zum Thema: In Nomine ‚Minarett'.“ Maier blickte erstaunt und fragte: „Echt? Seit wånn verstehts es euch mit die Attentäter...äh Islamis. I moan, da wåren å a die Kreuzzüge und so?“ Der Kardinal lehnte sich nach vorne und flüsterte, mit einem plötzlich aufleuchtenden Heiligenschein über dem Haupt, in das Ohr des Tirolers: „Aber mein Sohn. Nur weil jemand eine andere Religion hat, ein Kondom verwendet oder homosexuell ist, geben wir, von der katholischen Kirche, ihn doch nicht auf! Wir haben ein Herz für alle Schafe, auch wenn viele noch eines verirrten Weges pilgern. So wie du bis vor zwei Minuten, mein Sohn."

WINTERKAELTE

Der Knuttelfleck, Teil A

„Druck måchen, auf koane Tränen reagieren. Früher wårsch du bei solchen Frauen schwach, heute stehsch du absolut über den Dingen. Jåwohl“, dachte sich der Maier an diesem Samstagabend, Mitte November, um 17:39 Uhr, als er vor der Türe der Verdächtigen Ines Knuttel stand und läutete. „Wahnsinn, wås da heut ålles passiert isch“, rekapitulierte der Maier den skurrilen Tag noch einmal.
Da war heute in der Früh dieser Tote. Ein Tibeter. Im Hofgarten, direkt im Pavillon hinter den Schachfeldern gefunden. Mit einer Stricknadel im Hals steckend, darunter ein vom Blut rot getränktes Halstuch, das diesen schmetterlingsförmigen Knutschfleck auf der anderen Seite des Halses verdecken hätte sollen. Und dann war da diese fragwürdige Studentin namens Ines Knuttel. Die Mitbewohnerin vom Tibeter. Die felsenfest behauptete, von nichts zu wissen. „Wia hålt immer die Verdächtigen so tian“, meinte der Inspektor zu sich selbst. „Nix hören, nix sehen, nix wissen. Ober nit mit mir!“
Und da war da diese zweitägige Wartezeit, bis die Jungs vom Labor einen Selbstmord ausschließen und Fingerabdrücke eines Verdächtigen liefern werden. Ach ja und da war natürlich noch sein Partner: der Prohaska, der zuerst diesen ungewöhnlichen Tatendrang verlangte und dann doch vor der Knuttel einknickte. Zumindest wirkte es so auf den Inspektor.
„Burli, i möcht den Foll vor den Jungs im Labor lösen. Aus der Mitbewohnerin quetsch ma a Geständnis außa. Mit zwa gelöste Fälle im heurigen Johr kennen sie uns nix mehr anhaben, du Kiwara. Dann hob ma amoi a Ruh von de Obergscheiten.“ Da hatte der Wiener Recht. Das ganze Jahr über hatte man

keine Ruhe vor den Kollegen der Mordkommission. Als One-Hit-Wonder war das Duo beschimpft worden. „Genug isch genug“, entwickelte auch der Maier einen Tatendrang.
So lotste das Polizisten-Duo die Knuttel Samstagmittag um 12:39 Uhr zum Verhör in die Polizeidirektion. „Mir miassn der Frau von Anfang an volle Feuer unterm Hintern mochen. Sonst press ma da ka Geständnis außer. I wü, dass sie uns unter Tränen gesteht, dass sie den Gung umbråcht hot“, flüsterte der Prohaska dem Maier ins Ohr, als sie sich auf den Weg ins Verhörzimmer machten. „Gung? Wia moansch iatz des?“, fragte der Maier. „Ja die Schlitzingers, bei mia san des olles Gungs. Des is a Sammelbegriff. De schaun jo alle gleich aus, san oba beleidigt, wenn ma s' ned auseinander kennt. Darum der Überbegriff: Gung. Lindenstraße, olles klar?“
„Na“, antwortete der Maier unbeholfen. „Wurscht“, wischte der Wiener die Unwissenheit seines Kollegen zur Seite und öffnete die Türe des Verhörzimmers. „Grüß Sie. Kommissar Prohaska und bitte ned Schneggerl sogn, der Witz is oid.“ Die beiden Polizisten staunten nicht schlecht. Da saß eine perfekt gestylte Blondine. Mit einem weinroten Abendkleid, einem feuerroten Lippenstift und natürlich passend dazu, rot lackierten Fingernägeln. Sie lächelte verlegen und spielte verführerisch mit ihren dünnen Spaghettiträgern. „Das hätte ich auch wohl nicht getan“, meinte sie mit einem erotischen Unterton.
„Bisch du deppert. Ah so a guater Hås. Und dann no so offenherzig und guat bestückt“, meldete sich das lüsterne und zügellose Freudsche Es bei Maier. „Sofort aufhören und konzentrieren Maier. Du weißt, was damals beim Zeltfest in Oberperfuss passiert ist. Sie war auch blond. Und sie hat dir damals or-

dentlich den Kopf verdreht. So schöne blaue Augen hatte sie", erinnerte sich das strenge Über-Ich. „Nit lei die Augen wåren super. Des wår so a guater Hås...", brachte das Es die Hormone in Wallung. „Schluss jetzt, hör nicht auf ihn. Du bist bei der Arbeit. Fakten sind gefragt", setzte das Maiersche Über-Ich der Diskussion den Schlusspunkt. Vorerst zumindest.

Gleich würde der Prohaska zum Angriff blasen gegen diese verrucht wirkende Frau. Und dann würde er Druck machen. Der Maier merkte, wie die Wut in ihm aufstieg. Seine in Erinnerung gerufene Schwäche bei der weiblichen Verführung beim Zeltfest hatte inneren Widerstand ausgelöst. Aber mit Prohaskas Hilfe würde er seine Vergangenheit hinter sich lassen.

Doch aus dem Wiener Eck kam nichts. Es herrschte das große Schweigen. Der Innsbrucker schaute zu seinem Kollegen rüber. Eingeschlafen schien er noch nicht zu sein. Da stand er, der Kommissar. Mit offenem Mund, wie angewurzelt und gab keinen Laut von sich.

„Jå, so isch des", rief der Maier in Prohaskas Richtung, um ihn aus seiner Lethargie zu holen. Der Kommissar erschrak kurz und begann zu stottern. „Jo. Hallo, Frau Kuttel."

„Knuttel", warf Maier berichtigend ein. „Jo eh. Die Analyse is folgende: I hob...also...wir hobn...an Totn mit ana Stricknadel im Hals und der is ihr Mitbewohner", zog sich sein Stottern durch. „Ja da weiß ich leider gar nichts dazu", antwortete die Knuttel mit einem Dackelblick im Gesicht. „Aber was weiß ich schon, ich bin ja nur eine junge Frau, die sich gerade einmal so ihr Studium leisten kann."

Der Maier kniff wütend die Augen zusammen. Sein Über-Ich glaubte das Spiel der Dame zu durchschauen. „Lügen, Intrigen, Machenschaften. Die verkauft uns für blöd."

„Ah so a guater Hås. Geiler Hintern und so riesige…", warf der Es-Trieb lüstern ein. „Lass dich nicht verwirren Maier. Bleib fokussiert. Das Lügenspiel hat auch der Prohaska verstanden. Offensichtlicher geht es ja nicht. Jetzt wird er ihr aber die Leviten lesen."

„Ah so. Na schad, dass Sie nix wissen Frau Kuttel. I hob mir des eh fast scho gedacht, ned", säuselte der Kommissar zu Maiers Entsetzen. „Spinnt der?", schrie das Über-Ich Maiers im Stillen auf. „Ah so a guater Hås …", verlieh das Es seinen Ansichten weiteren Nachdruck. Maier schüttelte kurz seinen Kopf, um den Redefluss der inneren Stimmen zu stoppen. Dann wendete er sich seinem Opfer zu: „Dem Gung isch a Stricknadel in Håls gerammt worden, Frau Knuttel. Der Mörder isch no immer auf freiem Fuß. Und des wår jå Ihr Mitbewohner. Glaben Sie, i bemerk Ihr Spiel nit?", warf der Inspektor mit schroffem Unterton ein, stützte sich mit seinen Händen am Tisch ab und blickte mit einem durchdringenden Blick auf die sitzende Frau vor sich. Der Druck wirkte. Die Knuttel brach plötzlich in Tränen aus. „Sie tun mir Unrecht. Ich bin nicht so stark. Innerlich bin ich doch, schon seit ich die Nachricht gehört habe, gebrochen. Nein, wir waren kein Paar, aber ich hab ihn gemocht", schluchzte die junge Dame und fragte überrascht: „Was? Das war ein Mord?"

„Na, moment amoi. Jetzt muss i scho wos berichtigen", unterbrach Prohaska den verbalen Vorstoß seines Kollegen. Maier traute seinen Ohren nicht: „Nix da. Der Gung håt einen großen…"

„Na, na, na. Ruhe!", schrie Prohaska. „Entschuldigen S' uns amoi kurz, Frau Kuttel."

„Sie hoaßt Knuttel“, schimpfte Maier, während ihn der Kommissar am Ärmel vor die Türe zog. „Wås isch mit dir eigentlich los? I håb mir dacht, du willsch a Geständnis! Wieso arbeitesch du so kontradings, also gegen mi hålt?“
„Na geh. Host du die schenen Hände von der gsegn? Und die Symmetrie in dem bezaubernden Gsichtal? Wie soll denn de an Mord begehen?“, entgegnete der Kommissar mit Herzchen in den Augen. „Jå spinnsch du! A Stricknadel in Håls rammen kann jeder. Und außerdem, sie håt sicher mehr mit dem Gung gmocht als nur geredet. So wie die aufpoliert isch, scheucht sie sicher mehrere Männer durchs Bett. I kenn solche Weiber. Leider.“
Ein kurzer Flashback traf den Maier: „Hallo, i bin die Marlies. Wås måchst denn du auf dem Zeltfest? I bin ganz a zerbrechliches Mädel“, sah der Innsbrucker die Vergangenheit vor seinem Auge aufflackern. Die zunächst rosaroten Tage, auf die nach einem Monat dunkle Wolken folgten: „Jå mei, dann håb i hålt sieben andere Männer neben dir. Des geht di gar nix an, Hermann!“
„Na freilich, Maier, du Traummännlein“, holten die Worte des Prohaskas den Inspektor wieder in die Gegenwart. „De is ja ka Strichkotz, du Dillo. Lass de Bauerei von de Luftschlösser. Das Fräulein Ines wor's ned. De is anständig. Da Gung und die Monika…also die Kuttel, hoben sicher so a platonische Beziehung ghobt.“
„Monika? Na Ines Knuttel hoaßt sie und…“, da tauchte ein leichtes psychotisches Funkeln in Maiers Augen auf: „…I håss solche Tussis, die lei fesch sein und moanen, sie håben uns Männer auf tutti. Außerdem will i den Fåll lösen.“ Prohaska nickte: „I jo a. Okay, dann schau ma mal, wos sonst noch sogt. Oba hör auf mit de Verdächtigungen. Wir hobn no

kaan Beweis, dass es a Mord wor. Wos is, wenn der Dillo gstolpert is und se de Nadel selber in Hals grennt hot?"

„Iatz bausch du ober so Schlösser. Sie woaß schu mehr. Und du tuasch weniger, als du tian solltesch. Kimm red ma wieder mit ihr."

Als die beiden Beamten wieder das Zimmer betraten, besserte die „Lady in red" gerade ihren roten Lippenstift nach. „Und des Dekolleté isch a weiter runter gwandert. Ah so a guater Hås", sabberte Maiers triebgesteuertes Es lautstark. „Ich weiß auch nicht, woher der Elchi den Knutschfleck am Hals hat", sagte die Knuttel und spielte dabei dezent mit einer Haarsträhne. „Knutschfleck?", fragte der Maier. „Elchi?", fragte der Prohaska.

Kurzzeitig starrten sich die beiden Polizisten mit einem Blick an, den sonst nur Grenzdebile an den Tag legen. „Wås håben Sie grod gsågt?", fragte Maier mit scharfem Unterton. „Elchi! So hab ich ihn immer genannt, weil er so nett dreingeschaut hat", rechtfertigte sich die Knuttel, während Maier sofort verneinend den Kopf schüttelte. „Na. I håb des andere gmoant."

„Ja Maier. Jetzt hast du diese Tussi gleich am Haken", jubelte das Über-Ich lautstark durch seine Gehirnwindungen.

„Ha! Wir håben no goar nix von dem Knuttelfleck, na, Knutschfleck erwähnt", schlug Maier mit der Faust auf den Tisch. „Doch, doch. Des hob ich ganz am Anfang sicherlich scho erwähnt, gell Fräulein Kuttel", säuselte der Prohaska, betäubt vom Anblick der hübschen Dame. „Knuttel hoaßt sie, du Depp", warf der Maier ein, während die Blondine dem Kommissar einen willigen Blick zuwarf. „Danke, Herr Kommissar. Sie haben es natürlich schon ganz am Anfang erwähnt." Prohaskas Gesicht lief schlagartig rot an. „Puh is des haaß då herinnen“, sagte der Kommissar. Maiers Zorn wuchs im Sekundentakt, vor allem als der Prohaska sich nach vorne lehnte und mit den Worten begann: „Frau Kuttel…“ Da platzte dem Maier der Kragen: „Knuttel, såg endlich Knuttel, du saublöder Flåchlandler du.“

„Sog i, sog i jo andauernd. Des is ein stimmloses Wiener „n“, du Sack'lpicker“, ließ sich der Wiener nicht aus der Reserve locken.

„Frau…“

„Ja, Herr Kommissar.“

„Hoben Sie den Namen Elchi erfunden oda…?“

„Ja. Leute, die ich mag, denen geb ich immer einen Kosename.“

„Ah so…“

„Besonders wenn sie so maskulin sind.“

„Hoben Sie für mi vielleicht…“

„Hallo!“, zerstörte Maier das Liebesgeflüster der beiden. „Ich bin mir zu 100 Prozent sicher, dass den Knuttelfleck…na…Knutschfleck bei dem Gung niemand zuvor erwähnt håt. Woher wissen Sie des dann?“

„Maierl, sog ned Gung. Des klingt so herabwürdigend.“

„Des isch jå dei Wort, du Fahnderl im Wind.“

„Was ist denn ein Gung, Herr Kommissar? Erhellen Sie mich mit Ihrem scharfen und antörnenden Verstand.“

„Ach, damit wü i Sie ned belästigen.“

„Woher wissen Sie von dem Kuttel, Knuttel…na…Knutschfleck?“, ließ Maier nicht locker.

„Jo oba Maier, sie wohnen zammen. Da wird sie eam jo am Gang amoi gsegn haben. Sie wird eam gfragt hobn und er wird gantwortet hobn. Und Punkt“, antwortete der Kommissar zuvorkommend für die Verdächtige. „Ja…genau…das wollte ich auch sagen“, stotterte die Knuttel. Und Prohaska nickte selbstgefällig: „Eh klar.“

„Prohaska, du bisch so ein unglaublicher…“, wollte Maier endlich Tacheles sprechen. „Jo genau. Es is unglaublich nett, dass Sie da worn, Frau…“

„Du kannst mich Ines nennen“, zwinkerte die Knuttel dem Prohaska zu. „Ines?“, erschrak der Kommissar und bekam einen roten Kopf. „Also…Ines…I gib dir no mei Visitenkarte. Du konnst mi zu jeder Tages-, oba vor allem Nachtzeit erreichen. Bitte, ruf mi an. I bring di no raus.“

„So a Zipfelziacher“, schäumte der Inspektor im Büro, während der Wiener sich von seiner Knuttel verabschiedete. „Na wårt nur Bürscherl. Wenn der wieder da isch.“ Zornig schnaubend ging der Maier von einem Ende des Büros zum anderen.

Der Kommissar war noch nicht einmal richtig durch die Türe, als der Maier seine verbalen Geschütze abfeuerte: „Du hasch wohl an Schprung in der Marillen, oder?“

„Gusch jetzt“, fuhr der Prohaska dazwischen. „Glaubst i lass ma von dera auf der Nasen herumtanzen?“ Der Maier stockte kurz: „Willsch du mir sågn, dass des ålles nur gspielt wår?“

„Jo genau, danke. Des wollt i eh sogen. Des hob i nur gspült.“ Der Tiroler fühlte sich kurzzeitig vor den Kopf gestoßen - das Über-Ich entdeckte dahinter aber eine kleine Genialität. „Traue nicht dem Wiener“, begann es mit drohendem Unterton zu predigen. „Der ist zu verliebt. Bette ihn nur vorerst in sicheren Kissen.“

„Wia moansch iatz des?“, wollte der Maier von seinem Über-Ich wissen. „Zeig ihm die linke, aber forsche mit der rechten Hand weiter.“

„Wås?“, ärgerte sich der Tiroler bei seinem inneren Dialog. „Lüg ihn an, du zugnogelter Maibaumkraxler und nebenbei legst dich selber auf die Lauer.“
„Aha.“ Der Tiroler kratzte sich kurz unter der Nase und lügte dem Prohaska ins Gesicht: „Jå, nit schlecht gmåcht. Du Genie unter den Bullen.“ Der Wiener warf ihm einen misstrauischen Blick zurück: „Aha. Schee, dass du des a so siegst. Obwohl so a Lob no nie zu mir gsogt host.“ Maier war das Misstrauen seines Kollegen nicht entgangen und so verbrachten die beiden Polizisten den restlichen Nachmittag mit eisernem Schweigen. Im Geheimen plante der Maier jedoch seinen nächsten Schachzug. Forschen, nachfragen und lästig sein - der Innsbrucker kannte die Zutaten für eine erfolgreiche Hexenjagd. Tarnen, täuschen und lügen - das war gegenüber dem Kollegen angesagt. „Prohaska, i geh a bisserl früher. I håb an Tipp kriag, dass då wås sein könnt...also bei ganz am anderen Fåll...also nit die Knuttel halt.“ Der Kommissar presste die Augen zusammen und sagte: „Aha. Do host oba ganz schnell an neuen Foll gfunden.“
Der Maier schlenderte in Gedanken versunken über das SOWI-Areal in Richtung Hofgarten. Die Glasscheiben der Wirtschaftsuniversität spiegelten den von grauen Wolken bedeckten Himmel wider. Aus den vielen kleinen Schornsteinen qualmte weißer Dampf heraus. Von außen war in der Aula der Uni eine Menschenmenge zu sehen, die einen Kreis um etwas bildete. „Da håt's sicher wieder a Glasscheiben runterpfeffert“, lachte der Maier sich ins Fäustchen und flüsterte zu sich selbst: „Na, die Studenten haben echt nur Kas im Kopf. Zerscht wolln s' nix arbeiten und dann redn s' in die Hörsäle so viel Kas, dass schu die Scheiben vom Dach oi tuschn.“ Wis-

senschaft und höhere Bildung - es waren nicht die Fachgebiete des 42-Jährigen.
Vor lauter schauen und spekulieren hatte der Inspektor seine Augen überall, nur nicht auf dem Weg. Und so kam es, wie es kommen musste: Er lief in einen jungen Mann hinein, der am Platz vor der Universität friedlich im *Standard* blätterte. „Um Gottes Willen. Iatz håb i di nit gsegn", lächelte Maier bei seinem Ungeschick und half dem jungen Mann mit den roten, langen Haaren die Zeitung zusammenzuklauben. „Kein Problem", antwortete der Mann mit einem unverkennbaren deutschen Dialekt. „Ist ja halb so wild." Als der Maier ihm das letzte am Boden liegende Blatt gab, klopfte er dem Deutschen noch einmal entschuldigend auf die Schulter und ging weiter seines Weges.
Im Hofgarten angekommen, präsentierte sich der Park in einem weißen Schneekleid. Trotz der Kälte und der Polizeiabsperrung hatten sich zwei Schachspieler um den Tatort versammelt. Die beiden älteren Herren versuchten gerade das Absperrband der Polizei abzunehmen, um ihrem geliebten Hobby nachgehen zu können. „Meine Herren, des isch Sperrzone", beendete der Inspektor mit dem Ausweis in der Hand ihr illegales Vorhaben. „Geh måch di! Sollen mir jetzt o-tschappian oder wås?", fragte einer der beiden Herren grantig. „So isch es. Sonst muss i euer Schachspiel auf die Polizeidirektion verschiebn. Das mir uns glei richtig verstehn." Die Herren schüttelten missmutig den Kopf und gingen langsamen Schrittes in Richtung Ausgang des Hofgartens, als der Inspektor noch eine Frage hatte: „Moment, amol. Eine Frage: Kennen Sie den Herren", mit diesen Worten zeigte er den beiden ein Bild des Tibeters. „Jå sicher. Des isch da Oane da...", erzählte der ältere der beiden Männer, wäh-

rend sich der andere die Nase putzte. „So a feiner Kerl. Immer freundlich, immer höflich und immer nur Schach im Kopf. Nur sie…“

„Sie?“, unterbrach Maier. „Sie kann nur die Knuttel sein“, jubelte das Über-Ich und beschwor den alten Mann: „Knuttel, Knuttel, Knuttel heißt sie. Sågs!“

„Jå des Weibsbild då an seiner Seitn. Die Mitbewohnerin da von ihm. A Katastrophen die Frau. Die håt uns immer beim Schach gstört und ihn abgebusselt. Und immer sein Hals so…wia sågt ma?“, suchte der Alte nach einer Antwort und streifte sich über sein graues Haar. „Mit Knutschfleck versehn?“, servierte der Inspektor ihm Lösung. „Na, des nit, oba in der Nacht wår die Schlampen immer mit irgendwelche andere Männer unterwegs. Da håben mir sie öfter schu gsegn, geh Peter. Sogar in unserer Pradler-Stubn håts mit so am Tschappraggn umadum gmåcht.“

„Tschappragg?“

„A Türk hålt. Na, grauslig…“

„Jå und der Name der Frau?“

„Irgendwas mit K…Knattl…“

„Knuttel“, schrie der Inspektor mit einem Triumph des Sieges im Gesicht. „Knuttel? Na. Knattl wor des, glab i“, widersprach er und überlegte noch einmal. „Na, Sie müssen sich täuschen. Sie hoaßt Knuttel, nennt ihn immer Gung und håt ihm immer Knutschfleck verpasst, oder?“, sagte Maier.

„Na, so wår des nit. Knuttel tat i mir ja sofort merken, du Hirsch. Des wår a viel exotischerer Name.“

„Sie täuschen sich. Horchen Sie no amol genau zu: Sie hoaßt Knuttel, nennt ihn immer Gung und håt ihm immer Knutschfleck verpasst“, meinte der Inspektor mit einem diktierenden Ton. „Na… vielleicht…wie du hålt moansch.“

„Täten Sie des a unter Eid vor Gericht aussågen?“

„Na. Vor Gericht geh i sicher nit. Wo sein mir denn. I håb andere Sorgen, als zum Gericht zu gehen. I håb an Stress, i muss jå permanent arbeiten."
„Wo und wås arbeiten Sie?"
„I bin Pensionist."

Der Maier hatte genug gehört. Knattl oder Knuttel, Gung oder nicht Gung, Gericht oder kein Gericht - es konnte nur die „Lady in red" sein. Schnellen Schrittes ging er zur Polizeidirektion zurück, sprang in den Dienstwagen und rauschte in Richtung Technikerwohnheim. „So: Zwoa Zeugen, die koane Zeugen sein, koane wirklichen Beweise, ober i håb schu Schlimmeres erlebt. Sie woaß eh nix davon. So lang sie gesteht, gibt's koane Probleme", sprach Maier mit sich selbst.
Und dann stand er vor der Türe: „Druck måchen, auf koane Tränen reagieren. Früher wårsch du bei solchen Frauen schwach, heute stehsch du absolut über den Dingen. Jåwohl."
Aber all die Vorsätze waren mit einem Mal wie weggeblasen, als ihm die Knuttel nur mit flauschig weißen Bademantel bekleidet die Türe öffnete. „Ah so a guater Hås. Geiler Hintern und so große …", war nur noch die Stimme des Es in seinem Hirn zu hören.
„Ja Herr Inspektor?", fragte Knuttel mit einem erotischen Unterton und strich sich mit dem Zeigefinger den Hals entlang weiter in Richtung Versorgungsstation für Säuglinge. Schweißperlen bildeten sich auf Maiers Stirn. Noch ein letztes Mal probierte das Über-Ich die Kontrolle zu übernehmen: „Bewahre Haltung. Sprich mir nach. Sie haben eine Beziehung…"
„Sie haben eine Beziehung zu dem Tibeter gehabt. Sie sind ein schlimmer Mensch, weil Sie die Unwahr-

heit gesagt haben. Sie sind gesehen worden und nebenbei haben Sie gegen das zehnte Gebot verstoßen: Du sollst nicht begehren deines nächsten Weib, also Mann. Sie haben viele Männer begehrt. Moralisch nicht vertretbar. Ich beschuldige Sie des Mordes an dem Gung, obwohl mir dazu noch die Beweise fehlen. So ehrlich muss ich als Über-Ich vom Maier sein…", sprach Maier wie ferngesteuert mit erstarrtem Blick auf Knuttels Versorgungsstation. „Aber, Herr Inspektor. Dann werden Sie mich wohl in Handschellen festketten müssen." Mit offenem Mund stand der Inspektor regungslos da. In seinem Hirn nur noch eine von Trieben getriebene Stimme des Es laut schreiend: „Ah so a guater Hås." Und die Knuttel setzte die für das männliche Geschlecht wohl schrecklichste Waffe ein. Sie öffnete ihren Bademantel und schenkte dem mittlerweile sabbernden Maier einen Blick auf ihre…

Der Knuttelfleck, Teil B

„Sie hot a Verhältnis ghobt mit dem Gung. Unglaublich, die Monika, äh, Ines. Wos sog i jetzt nur“, dachte sich der Prohaska an diesem Samstagabend, Mitte November, um 20:39 Uhr, als er vor der Türe der Verdächtigen Ines Knuttel stand und läutete. „Hawe d'Ehre, wos do heut olles passiert is“, rekapitulierte der Wiener den skurrilen Tag noch einmal. Da war heute in der Früh dieser Tote. „A toter Tibeter. Für mi is des a Gung. Des is a Sammelbegriff, weil die Schlitzingers schauen jo alle gleich aus, san oba haaß, wenn sie ned auseinander kennst“, dachte sich der Prohaska. „A Stricknodel im Hals auf der an Seitn, an Knutschfleck auf der andern Seitn. Da Knutschinger schaut aus wir a Schmetterling. Da wor a besonders kreative Maus am zuzzeln.“ Natürlich war das Halstuch blutgetränkt. Und dann war da diese fragwürdige Studentin namens Ines Knuttel. Die Mitbewohnerin vom Gung. Die Ausgangsposition dieses Falles war genau so, wie es der Prohaska in seinen früheren Dienstjahren in Wien immer genossen hatte: viele Fragezeichen, noch keine Antworten. „Des is wia a Puzzle. Nur, die Teile schauen alle gleich aus. Oiso nimmst die Flexinger und schleifst da die Ecken zrecht.“ Ja, die gute, alte Zeit. Der Kommissar hatte plötzlich wieder dieses Kribbeln unter den Nägeln. Er wollte wieder einmal zur Höchstform auflaufen. So wie er es seit seiner Versetzung von Wien nach Innsbruck nicht mehr gemacht hatte. „Morgen am Abend wissen unsere CSI'ler ob's a Mord oder wos anders wor, Maier. Oba wir werdn schon davor wissen, wos es is. Burli, i möcht den Foll vor den Jungs im Labor lösen. Aus der Mitbewohnerin quetsch ma a Geständnis außa. Mit zwa gelöste Fälle im heurigen Johr kennen sie uns nix mehr anhaben, du Kiwara. Dann hob ma amoi a Ruh von de Obergscheiten." Das One-Hit-Wonder-Dasein sollte sein Ende finden.

Aber dann kam alles ganz anders, als sich die Türe um 12:39 Uhr zum Verhörzimmer öffnete. Da saß dieser blonde Engel auf dem Verhörsessel. Mit einem weinroten Abendkleid, einem feuerroten Lippenstift und natürlich passend dazu noch, rot lackierten Fingernägeln. Und dann noch ihr bezauberndes Lächeln. Der Prohaska war auf einmal vollkommen hin und weg. „Sie schaut aus wie mei Monika", schoss es dem Kommissar durch seinen Kopf.

Und da war er plötzlich wieder: Dieser seit Jahren so unterdrückte Liebesschmerz. Die Sehnsucht nach etwas Vergangenem, das so viel Freude, aber auch Schmerzen bereitete. In einem einzigen Atemzug spürte der Prohaska wieder ein Stück Vergangenheit aufkommen: Die Erinnerung an einen bekannten Duft, der Klang dieses herzerwärmenden Lachens und diese innere Zufriedenheit. Seine Monika, die hätte er damals vor zehn Jahren nicht gehen lassen sollen, der Prohaska. Er war am Scheideweg gestanden. Sicherlich hätte er ihren Drang in den Osten, nach Budapest, aufhalten können. Sie hätte ja auch in Wien ihr Kunststudium beenden können. Aber irgendetwas hielt ihn fest. Ihre neue Adresse hatte sie ihm aufgeschrieben. Gemeldet hatte sich der Prohaska jedoch nie. Wie sie es ihm prophezeit hatte: „Wenn mich am Bahnhof morgen nicht verabschieden wirst, dann weiß ich, dass wir uns nie mehr wiedersehen werden."

Der Prohaska wusste, was sie wollte. Ihr Wechsel von der wienerischen an die ungarische Donau war eine Verzweiflungstat gewesen. Sie hatte genug davon, ihr Leben mit Mord und Totschlag teilen zu müssen. Die Monika zweifelte nicht an der Liebe Prohaskas. Doch sie ertrug den Schmerz nicht mehr. Denn so romantisch die Fiakerfahrten nach einem gemeinsamen Abendessen im Kerzenschein waren, so qualvoll gestalteten sich die Abende, an denen sie von ihrem so geliebten Kommissar versetzt wurde. Ohne eine Entschuldigung, ohne eine Nachricht. Er war wieder auf der Jagd. Und hatte auf sie vergessen.

Ob die Monika geweint hatte, als der Zug immer schneller aus dem Südbahnhof davonrollte und sie das gemeinsame Wien an sich vorbeirauschen sah? Er hatte es nie erfahren, der Prohaska. Dabei war er am Tag ihres Abschieds so nah. Und doch auch so fern. Mit dieser einzelnen roten Rose in der Hand war er vor dem Bahnhof gestanden. Nicht wissend, was tun. Seine Liebe war ungebrochen, jedoch auch die Gewissheit, ihr eines Tages nicht mehr das geben zu können, was sie verdiente. Und so hat er sie ziehen lassen, der Prohaska.

„Jå, so isch des“, riss Maiers Ansage den Prohaska aus seinen Erinnerungen. „Jo. Hallo, Frau Kuttel“, stotterte der Prohaska. „Knuttel“, warf Maier berichtigend ein. „Jo eh. Die Analyse is folgende: I hob...also...wir hobn...an Totn mit ana Stricknadel im Hals und der is ihr Mitbewohner“, zog sich sein Stottern durch. „Ja da weiß ich leider gar nichts dazu“, antwortete die Knuttel mit diesem herzzerreißenden Dackelblick. „Aber was weiß ich schon, ich bin ja nur eine junge Frau, die sich gerade einmal so ihr Studium leisten kann.“ Das Herz des Kommissars schlug immer schneller. „Na freilich weiß sie nix, die Monika. Warum denn a? Sie is so a unschuldiges Weiberl“, lächelte Prohaska seiner Wunschfrau während der Gedankenspiele ins Gesicht.

„Ah so. Na schad, dass Sie nix wissen Frau Kuttel. I

hob mir des eh fast scho gedacht, ned“, säuselte der Kommissar. „Dem Gung isch a Stricknadel in Håls gerammt worden, Frau Knuttel. Der Mörder isch no immer auf freiem Fuß. Und des wår jå ihr Mitbewohner. Glaben Sie, i bemerk Ihr Spiel nit?“, schnauzte der Inspektor die arme Knuttel an.
„Wos is mit dem Maier, dem Dillo“, ärgerte sich der Kommissar, blieb aber noch zurückhaltend. „Der konn doch ned mei Monika so anschreien.“
Der Druck wirkte. Die Knuttel brach plötzlich in Tränen aus. „Sie tun mir Unrecht. Ich bin nicht so stark. Innerlich bin ich doch, schon seit ich die Nachricht gehört habe, gebrochen. Nein, wir waren kein Paar, aber ich hab ihn gemocht“, schluchzte die Blondine. „Maier du Sauhund. A armes Wesen so fertig mochen. Typisch Mann. Da muss i eingreifen“, entschloss sich Prohaska im Stillen.
„Na, Moment amoi. Jetzt muss i scho wos berichtigen“, intervenierte der Wiener. „Nix da. Der Gung håt einen großen…“, wollte Maier weiterbohren, als Prohaska den Notknopf drückte und schrie: „Na, na, na. Ruhe! Entschuldigen S' uns amoi kurz, Frau Kuttel.“ Da half nur ein Gespräch unter vier Augen. „Na die Monika muss i schützen vor dem Untier.“
„Wås isch mit dir eigentlich los? I håb mir dacht, du willsch a Geständnis! Wieso arbeitesch du so kontradings, also gegen mi hålt?“, fragte der Maier erzürnt. Prohaska wollte es zunächst mit der Wahrheit probieren: „Na geh. Host du die schenen Hände von der gsegn? Und de Symmetrie in dem bezaubernden Gsichtal? Wie soll denn de an Mord begehen?“ Gegen solch einen Cocktail aus Wahrheit und Liebe konnte selbst der Neandertaler Maier nichts einwenden, dachte sich der Prohaska. Falsch gedacht, Schneckerl: „Jå spinnsch du! A Stricknadel in Håls rammen kann jeder. Und außerdem, sie håt si-

cher mehr mit dem Gung gmocht als nur geredet. So wie die aufpoliert isch, scheucht sie sicher mehrere Männer durchs Bett. I kenn solche Weiber. Leider."
„Jetzt hoits oba die Pappen, Maier", dachte sich der Kommissar. Doch er blieb diplomatisch: „Na freilich, Maier, du Traummännlein. De is jo ka Strichkotz, du Dillo. Lass de Bauerei von de Luftschlösser. Das Fräulein Ines wor's ned. De is anständig. Da Gung und die Monika...also die Kuttel, hoben sicher so a platonische Beziehung ghobt."
„Monika? Na Ines Knuttel hoaßt sie und I håss solche Tussis, die lei fesch sein und moanen, sie haben uns Männer auf tutti. Außerdem will i den Fåll lösen." Prohaska nickte: „I jo a. Okay, dann schau ma mal, wos sonst noch sogt. Oba hör auf mit de Verdächtigungen. Wir habn no kaan Beweis, dass es a Mord wor. Wos is, wenn der Dillo gstolpert is und se de Nadel selber in Hals grennt hot?"
„Iatz bausch du ober so Schlösser. Sie woaß schu mehr. Und du tuasch weniger, als du tian solltesch. Kimm red ma wieder mit ihr."
„Na bitte schau da die Maus an. So a Ähnlichkeit mit da Monika. Und so a natürliche Schönheit. Der Maier is ja gspritzt im Hirn", ließen Prohaskas Gedanken sein Herz noch etwas höher schlagen.
„Ich weiß auch nicht, woher der Elchi den Knutschfleck am Hals hat", sagte die Knuttel. „Knutschfleck?", fragte der Maier. „Elchi?", fragte der Prohaska. „Wer soll denn des sein? Elchi? Hot der Maier goar Recht und do san no mehr Geliebte?"
„Wås håben Sie grod gsågt?", fragte Maier mit scharfem Unterton. „Elchi! So hab ich ihn immer genannt, weil er so nett dreingeschaut hat", rechtfertigte sich die Knuttel. „Na Gott sei Dank, ka anderer Haberer. Nur da Gung is gmant", lächelte Prohaska in sich hinein. „Na. I håb des andere gmoant. Ha!

Wir håben no goar nix von dem Knuttelfleck, na, Knutschfleck erwähnt", schlug Maier mit der Faust auf den Tisch. „Jetzt musst um des arme Gschöpf kämpfen, Prohaska."

„Doch, doch. Des hob ich ganz am Anfang sicherlich scho erwähnt, gell Fräulein Kuttel", säußelte der Prohaska. „Knuttel hoaßt sie, du Depp", warf der Maier ein, während die Blondine dem Kommissar einen willigen Blick zuwarf. „Danke, Herr Kommissar. Sie haben es natürlich schon ganz am Anfang erwähnt." Der Prohaska spürte plötzlich so eine erotische Ausstrahlung, die von der Knuttel ausging. Und es regte sich etwas in ihm. „Oida, bist du fett. De is haaß auf mi. Jetzt ganz ruhig, Prohaska. A bisserl Smalltalk und lehn de vor, sonst siehgt ma dei Blosreadl."

Prohaskas Gesicht lief schlagartig rot an und er hechelte: „Puh is des haaß då herinnen." Dann der Versuch zum Smalltalk: „Frau Kuttel..." Da schrie der Maier: „Knuttel, såg endlich Knuttel, du saublöder Flåchlandler du."

„Sog i, sog i jo andauernd. Des is ein stimmloses Wiener „n", du Sack'lpicker", ließ sich der Wiener nicht aus der Reserve locken. „Aufpassen Prohaska, dei Blosreadl."

„Frau..."

„Ja, Herr Kommissar."

„Hoben Sie den Namen Elchi erfunden oda...?"

„Ja. Leute, die ich mag, denen geb ich immer einen Kosename."

„Ah so..."

In Prohaskas Körper begann ein Hormoncocktail zu wirken. „Oida, jetzt gibt's ka zrug mehr. Sie wü di."

„Besonders wenn sie so maskulin sind."

„Hoben Sie für mi vielleicht..."

„Hallo!", zerstörte Maier das Liebesgeflüster der beiden. „Ich bin mir zu 100 Prozent sicher, dass den Knuttelfleck…na…Knutschfleck bei dem Gung niemand zuvor erwähnt håt. Woher wissen Sie des dann?" Angefressen von der zerstörten Erotik schnauzte der Wiener: „Maierl, sog ned Gung. Des klingt so herabwürdigend."
„Des isch jå dei Wort, du Fahnderl im Wind."
„Was ist denn ein Gung, Herr Kommissar? Erhellen Sie mich mit Ihrem scharfen und antörnenden Verstand."
„Ach, damit wü i Sie ned belästigen".
„Woher wissen Sie von dem Kuttel, Knuttel…na…Knutschfleck?", ließ Maier nicht locker. „Na der Neandertaler Maier geht ma schwer am Zaager. Ollawei de nervigen Fragen, de wos jedes Kind schon beantworten konn. Dem setz i jetzt a End."
„Jo oba Maier, sie wohnen zammen. Da wird sie eam jo am Gang amoi gsegn hoben. Sie wird eam gfragt hobn und er wird gantwortet hobn. Und Punkt", antwortete der Kommissar zuvorkommend für die Verdächtige. „Ja…genau…das wollte ich auch sagen", stotterte die Knuttel. Und das bestätigte der Wiener selbstgefällig: „Eh klar."
„Prohaska, du bisch so ein unglaublicher…", wollte Maier endlich Tacheles sprechen. „Jo genau. Es is unglaublich nett, dass Sie do worn, Frau …"
„Du kannst mich Ines nennen", zwinkerte die Knuttel dem Prohaska zu. „Ines?", erschrak der Kommissar und bekam erneut einen roten Kopf. „Also…Ines…I gib dir no mei Visitenkarte. Du konnst mi zu jeder Tages-, oba vor allem Nachtzeit erreichen. Bitte, ruf mi an. I bring di no raus."
Als der Kommissar mit der für ihn absolut unverdächtigen Knuttel zum Ausgang schlenderte, hatte

er das Gefühl, er musste ihr etwas ganz Besonderes sagen: „Liebe Ines“, begann er. „Wos is violett, sitzt hinterm Bam und is brutal gfährlich?“ Die Knuttel starrte ihn verdutzt und wortlos an. „A Zwetschgn mit am Maschinengewehr“, haute sich der Wiener lachend auf den Oberschenkel. Und das Fräulein Knuttel begann nach wenigen Momenten herzhaft aufzulachen. „Ach, Herr Kommissar. Sie sind schon etwas ganz Besonderes.“

„Oba Fräulein Ines“, begann der Prohaska zu flüstern. „Des waaß i eh.“ Und dann ging sie von dannen. Nicht aber ohne dem Wiener einen Schmatzer auf die Wange zu drücken. Da war er wieder. Der hochrote Kopf. Und das Blosreadl durfte auch nicht fehlen.

Auf dem Weg zum Büro grübelte der Kommissar: „Wos moch i jetzt nur? I glaub an die Unschuld von der Monika, äh Ines. So a Zarterl konn ned an Mord begehen. Auf der onderen Seitn: Männer verführen, des konn sie sicher. Oba des tut sie jo ned. Des hätt i ja gmerkt. Außerdem bringt ihr des goar nix, ned. Na jo, wobei sie den Verdacht von se ablenkt. Ah so a Schas.“ Der Kommissar war innerlich zerrissen. Seine Spürnase sagte ihm, dass mit der Knuttel etwas nicht stimmte, aber auf der anderen Seite wirkte auch ihr verführerischer Duft noch.

„Du hasch wohl an Schprung in da Marillen, oder?“, schrie der Maier, als der Prohaska gerade das Büro betrat. Damit hatte der Kommissar allerdings schon gerechnet. „Gusch jetzt“, antwortete der Prohaska. Das wirkte einmal. Zumindest für fünf Sekunden. Weiter hatte der Wiener aber noch nicht gedacht und darum legte er planlos einen zweiten Satz nach: „Glaubst, i lass ma von dera auf der Nasen herumtanzen?“ Das wirkte noch mehr. Der Maier antwor-

tete überrascht: „Willsch du mir sågn, dass des ålles nur gspielt wår?"
„Jo des klingt super, wos da Maier da gsogt hot. I hob olles nur gspült, da Maier lasst die Knuttel in Ruh und i find derweilen den richtigen Mörder", kombinierte Prohaska wie aus der Pistole geschossen und antwortete etwas holprig: „Jo genau, danke. Des wollt i eh sogen. Des hob i nur gspült." Der Tiroler kratzte sich kurz unter der Nase und sagte mit einem ungewohnt freundlichen Unterton: „Jå, nit schlecht gmåcht. Du Genie unter den Bullen."
„Moment amoi. Do stimmt wos ned. Der Maier auf Schmeichelkurs? Die elendige Mistbruat. Ned mit mir an Indianer spüln, Maier. I durchschau di", läuteten beim Prohaska sämtliche Alarmglocken. Der Wiener warf ihm einen misstrauischen Blick zu: „Aha. Schee, dass du des a so siegst. Obwohl so a Lob no nie zu mir gsogt host." Misstrauen erfüllte das Büro der beiden Polizisten. Und so stand Schweigen am Programm des restlichen Nachmittags. Im Geheimen war der Prohaska allerdings außer sich. „Der Kakaosprudler heckt wos aus. Wenn i nur wisset wos. A so ein Hacklschmeißer. A einziges Mal drahst di um und scho steckts im Buggl."
Und dann sagte der Maier plötzlich: „Prohaska, i geh a bisserl früher. I håb an Tipp kriagt, dass då wås sein könnt...also bei ganz am anderen Fåll...also nit die Knuttel halt." Der Kommissar presste die Augen zusammen und meinte mit zynischem Unterton: „Aha. Da host oba ganz schnell an neuen Foll gfunden."
„Na wort nur Maier. Dir bleib i auf de Fersen. Wie a Indianer werd i dir nachschleichen." Gedacht, getan. Kaum war sein Tiroler Kollege draussen bei der Tür, begann der Wiener seine Verfolgungsjagd. Es

war ein interessantes Bild, das sich dem neutralen Beobachter da bot. Während der Maier nichts ahnend über das SOWI-Areal spazierte, Theorien zu Studenten und fallenden Glasscheiben aufstellte, sprintete sein Verfolger rund 20 Meter hinter ihm, einen übergroßen schwarzen Regenschirm vor das Gesicht haltend, mehrmals von einem Ende des Platzes zum anderen. Natürlich noch zusätzlich immer kleine Haken schlagend: „Um des Haserl zu fangen, musst du selber zum Haserl werdn, ned."

Schwitzend, keuchend und dreimal wegen dem übergroßen Regenschirm vor dem Gesicht in einen Pfosten gerannt, stand der Prohaska nur zwei Minuten später ausgepumpt beim westlichen Abgang der SOWI-Garage neben der Raiffeisen-Filiale. „Bist du deppat", keuchte Prohaska. „30 bin i nemma." Er beugte sich nach vorne und drückte einen kurzen Moment auf seine schmerzenden Knie. Als er wieder hochblickte, sah er mit Entsetzen, dass der Maier einem Mann mit roten langen Haaren irgendwas in die Hand drückte und ihm dabei auf die Schulter klopfte. „Wos hot der jetzt gmocht, der Tiroler Spargltarzan?", grübelte der Kommissar. Wer konnte das sein? Ein Informant, den der Maier soeben beauftragt hatte, die Knuttel genauer ins Visier zu nehmen? Am Ende gar ein Privatdetektiv, der vielleicht den Prohaska selbst observieren sollte? Im Hirn des Wieners brauten sich innerhalb kürzester Zeit die unvorstellbarsten Paranoiaphantasien zusammen. Und da gab es nur eine Lösung, aus der Sicht des Wieners.

Schnurstracks marschierte der Kommissar auf den jungen Mann mit den roten Haaren zu und meinte forsch: „Wos hot Ihnen der Maier grad übergeben, ha? Red du Hallodri?" Der junge Mann wusste augenblicklich nicht, wie ihm geschah. Erstarrt zu einer Salzsäule stand er wortlos mit offenem Mund vor dem Wiener: „Ah so, jetzt stöhst di deppat? Gut mein Freund des stummen Wortes. Mitkommen, Kommissar Prohaska vom Morddezernat.“ Mit diesen Worten zerrte er ihn am Ärmel Richtung Polizeidirektion. „Ja, aber...“, mehr Buchstaben kamen dem verdutzten Mann nicht über die Lippen. Der energische und bedingungslose Auftritt zeigte seine Wirkung. In null Komma nix saß der Verdächtige im Verhörraum.

„Wer bist du? Wos mochst du? Wos hot dir der Maier für Dokumente übergeben? Für wen arbeitest du und wos sollst herausfinden? Red endlich, du Kupferdachl. Sonst leg i di zamm auf a Packterl.“ Der Deutsche hatte wässrige Augen und begann stotternd zu erklären: „Ich bin der Thorsten aus Tuntenhausen. Bin 21 Jahre alt und studiere BWL auf der SOWI. Ich kenne keinen Maier...“

„Jo eh klar. Rostiger, ned deppat sein. Tuntenhausen - liegt des glei neben Entenhausen und no vor Affenhausen, ha? Wüllst du mi für bled verkaufen? I sogs da, spül di ned mit mir. Oda i lass di abführen. Dann konnst amoi a Nacht bei uns in U-Haft verbringen. Mit ana frischen Ladung Rumänen, de wos sie grad heut einkaserniert haben. Da wünsch i da viel Spaß beim Duschen. De Rumänen duschen wie de Mechaniker arbeitn: Mit Schraubenziehern in da Hand - und unter da Duschen schrauben s' dann an dir umadum.“

Dicke Tränen rollten dem Deutschen über seine Wangen. Mit zittriger Stimme meinte er: „Ich bin der Thorsten aus Tuntenhausen. Bin 21 Jahre alt und studiere BWL...“.

„Wüllst du mi fertig mochen, Kupferter. Zag ma mal dein Ausweis, bevor i de Nerven verlier.“ Der Student kramte in seiner Hosentasche und überrei-

chte dem Kommissar unter Tränen seinen Studentenausweis. Der Prohaska überreichte diesen einem Kollegen, der vor der Türe wartete. „Geh Harry, überprüf ma den. Der mocht einen auf Rain Man." Mit einem lauten Knall schlug der Wiener die Türe wieder zu. Der Tuntenhausener schreckte hoch und hatte seine Emotionen gar nicht mehr unter Kontrolle. „Ich habe doch nur Zeitung gelesen..."
„Jo, jo und Zahnstocher am Boden zählt, geh Rain Man. Oba ned mit mir. I waaß, wer du bist. Du bist a Detektiv und schaust, wos i mit dera Knuttel moch. Wie hoch is dei Honorar, ha?", die Augen des Kommissars funkelten. „Du brauchst ned maanen, dass i auf des einsteig. Wort nur, i lass di abführen und dann..." Plötzlich öffnete sich die Türe und der Kollege Harry meinte: „Prohaska. Der Ausweis passt. Thorsten Müller aus Tuntenhausen in Bayern, studiert Betriebswirtschaft auf der Wirtschaftsuniversität."
Im Gesicht des Wieners blitzte kurzzeitig leichtes Entsetzen auf. „Jo sicherlich... ah... Thorsten... ah... schön, dass du do worst. Unser Experiment... äh... zur raschen Überprüfung von Identitäten... äh... hot sensationell gut funktioniert", reimte sich der Kommissar schnell etwas zusammen. „Zur Belohnung... äh... gibt's dreimal Gratis-Parken. Schicken S' mir gerade die Strafzettel, do is mei Karten." Der Mann aus Tuntenhausen nahm unter Tränen die Karte an und sagte: „Aber ich hab doch nur ein Fahrrad?" Der Kommissar entgegnete: „Ja, dann dürfen S' dreimal mitn Radl gratis parken, ned. I bring Sie no zur Tür. Da haben S' a Taschentuch und nix für ungut geh. Logger bleiben, a bisserl Zeitung lesen und... äh... ned."
Nach dem misslungenen Versuch ging der Prohaska um 17:39 Uhr zurück in sein Büro. „Ah schena

Schas. Der Rain Man hot ma jetzt über a Stund Zeit kostet." Als der Wiener sein Büro betrat, saß ein Mitarbeiter vom Labor auf dessen Sessel und tippte in seinen Laptop. „Prohaska, saluti. Du wirst es nicht glauben. I hab den Laptop von eurem Tibeter geknackt und arbeite gerade seine Mails durch."
„Und?", wollte Prohaska ungeduldig wissen. „Sein Hintergrundbild errätst du nie...", erlaubte sich der CSI'ler einen Seitenhieb. „Da Dalai Lama, eh klar. So sans alle die Gungs."
„Kennst du so viele?"
„Kennst an, kennst alle. Wos is jetzt mit die Mails?", wollte der Wiener keine weitere Zeit mehr verlieren.
„Nichts Aufregendes bis auf folgende Mails: 15 Stück hat er an sich selber von der Uni-Adresse aus geschickt. Alle haben Bilder angehängt. Partybilder von *Sperrstunde.at*, *TT.com* und so...kennst eh."
„Na, wos is des?"
„Sicher kennst das. Wenn beim Feiern bist, dann kannst dich fotografieren lassen und findest die Bilder am Tag danach auf diesen Seiten wiede."
„Wos? Die ganzen Schluckspecht konnst dann im Netz anschauen? Des is ja a Mörderidee. Der Internetinger muaß ka Trottel gwesen sein."
„Ich glaub, der Bill Gates hat das alles erfunden."
„Wos? Der Oide, der wos do mit seiner Sekretärin in dem Weißen Haus a Pantscherl ghobt hot?"
„Was Pantscherl, Weißes Haus? Von was redest du denn?"
„Ja budern halt. Do in dem großen Haus, do wo da Bundeskanzler von die USA gscheit daher red, ned."
„Ach so, du meinst den Bill Clinton. Der Präsident und die Affäre mit seiner Praktikantin."
„Wurscht. Wos is mit die Mails?"
„Ja, immer diese blonde Frau mit anderen Männern

oben...“ Es saß wie ein Vorschlaghammer: Ines Knuttel, mal knutschend, mal halb nackt, aber immer wild feiernd mit anderen Männern auf den Bildern. „Des gibt's do ned. Jetzt hot der Maier den richtigen Riecher ghobt“, musste sich der Wiener eingestehen.
Bis um 19:39 Uhr arbeitete sich der Kommissar durch den Mail-Salat. Sein Herz wurde ihm von Minute zu Minute schwerer. „Mei Monika, wos host nur gmocht...“ Und dann folgte das niederschmetternde Resümee: „Da Gung hot se 150 Mal betrügen lassn von der Moni...äh Ines. Oba nach dem letzten Mal, wollt a ausziehen. Des is a Motiv, liebe Ines.“ Da blieb dem Wiener nichts anderes übrig. Die Vernunft siegte über das Herz.

Da stand er nun, der Prohaska, an diesem Samstagabend um 20:39 Uhr vor der Wohnungstüre der Verdächtigen Ines Knuttel im Technikerheim. „I muss sie verhaften, de Ines. Meine Ines“, jammerte der Prohaska innerlich. Aber all die Vorsätze waren mit einem Mal wie weggeblasen, als ihm die Knuttel nur mit flauschig weißem Bademantel bekleidet die Türe öffnete.
„Herr Kommissar? Sie kommen auch vorbei?“, fragte Knuttel mit einem erotischen Unterton und strich sich mit dem Zeigefinger den Hals entlang weiter in Richtung Versorgungsstation für Säuglinge. „Jo. Wieso? Wor der Maier a scho do?“, wollte er sofort wissen. „Nein, nein“, antwortete die hübsche Blondine und schloss die Türe hinter dem Kommissar.
Ein Blick auf das Sexobjekt vor ihm, ließ den Kommissar in seinen Grundfesten erschüttern. Ein letztes Mal bäumte sich der Verstand gegen den Trieb auf: „Du host eine Beziehung zu dem Tibeter ghobt.

Du host glogen. Liebe Ines...i muss dich des Mordes an dem Gung beschuldigen. Zumindest host a Motiv ghobt. Des haben de Bilder auf dem Internet von dem Bill Clinton da bewiesen. Wos soll ma jetzt nur mochen...", grübelte der Wiener lauthals, nicht dabei den erstarrten Blick von Knuttels Versorgungsstation abwendend.
„Aber, Herr Kommissar. Dann werden Sie mich wohl in Handschellen festketten müssen." Mit offenem Mund stand der Kommissar regungslos da. Verstand ausgeschalten, Trieb eingeschalten. Und die Knuttel setzte die für das männliche Geschlecht wohl schrecklichste Waffe ein. Sie öffnete ihren Bademantel und schenkte dem mittlerweile sabbernden Prohaska einen Blick auf ihre...

Am nächsten Tag saßen der Kommissar und der Inspektor in ihrem Büro. Schweigend, den gegenseitigen Blicken ausweichend und beide mit einem Tuch um den Hals gebunden. Irgendwann brach der Maier das Schweigen: „Wieso hasch du heut a Tiachl um dein Håls?"
„Die Hong-Kong-Grippe. Ganz gfährlich. Da dürft i mi gestern angsteckt haben. Und du?"
„Deto. King-Kong-Grippe, echt gfährlich."
„Und total unsichtbar, ned."
„Des isch jå des Schlimmschte dran." Plötzlich läutete das Telefon des Kommissars. „Aha... ja... aha... na super...danke...na freili...", begann sich die Laune von Prohaska plötzlich zu bessern. „Maier, des worn unsere CSI'ler. Da Gung is zum letzten Gang antreten", klopfte sich der Kommissar auf die Schenkel. „Und des, weil anfoch a Deppata is." Der Inspektor runzelte ahnungslos die Stirn und fragte auf gut Tirolerisch. „Wia moansch iatz des?"
„Selbstmord. Der Gung hot se de Stricknadel selber

in Hals grennt. Aufgrund des Einstichwinkels is des zu 100 Prozent eindeutig…" sagte der Wiener. Und beide Polizisten atmeten kräftig durch und lösten ihr Halstuch ein wenig. „Die Knuttel is unschuldig. Sa ma froh", meinte der Prohaska mit dem Kopf nickend und fragte kleinlaut. „Sogst das du ihr?"
„Na, sicher nit. Du bisch der Chef", fuhr der Maier panisch hoch. „I kann nimmer mit der reden… wo denksch hin…na sicher nit. Außerdem håb i die Grippn und dann… ja dann… steck i sie an." Schweißperlen bildeten sich auf Prohaskas Stirn: „Ja oba i konn a ned. I…i… hob a an Virus, ned. Eigentlich müsst i jo im Bett liegen."
„I a. I fühl mi eh auf amol so schlecht. I werd lieber hoamgehen."
„Des moch i jetzt a. I hab sicher scho Fieber. Der vom CSI soll des mochen. Zwa totkranke Menschen, die ghören ins Betterl."
Und so blieb Ines Knuttel alias Monika und alias Marlies weiter unschuldig. Zumindest in Sachen Mord. Denn für ihre Nymphomanie konnte sie nicht belangt werden.
Und das Duo Prohaska/Maier? Die kämpften noch einige Tage mit der extrem gefährlichen Hong- und King-Kong-Grippe. Dann verabschiedeten sich die Influenza, die Halstücher und eine Zeit lang war jeweils noch ein schmetterlingsartiger grüngelber Fleck auf den Hälsen der beiden zu sehen.

Stille Nacht, durchzechte Nacht

„Soll i oder soll i nit?“, rätselte Maier an diesem Montagmorgen. Es war der Tag vor Weihnachten und die Rathausgalerie war überlaufen von den vielen spätentschlossenen Einkäufern.
Innsbruck erstrahlte passend zu den Feiertagen in einem weißen Kleid. Nur die vielen Helfer des Räumungsdienstes freute der viele Schnee weniger. Überstunden hieß es dort. Etwas, was der Maier gar nicht kannte. Überstunden hatte der Innsbrucker nicht in seinem Sprachrepertoire eingebaut.
„Irgendwås wird er mir sicher a schenken oder?“, stellte der Maier Theorien zu Prohaskas Weihnachtsverhalten auf. Schon seit zehn Minuten hatte er die DVD des neuen Mundl-Films in der Hand. Und trotzdem konnte er sich zu keiner Entscheidung durchringen. „I kauf des iatz, egal, wås der Spinner måcht. Sei Laune wår ja unterirdisch in die letzten Tag. Der sitzt sicher am Heiligen Abend alloan dahoam. Du übrigens a, Maier. Ober mir isch des wurscht. A Film då, a Online-Poker dort und dazwischen a bisserl Aquarellmalen. Und schu isch Schlafenszeit“, versuchte sich der Maier die Einsamkeit künstlich zu versüßen. Es waren seine zweiten einsamen Weihnachten seit seiner Scheidung.

Wenige Minuten später betrat der Inspektor das Büro. Mit durchnässten Schuhen watschelte er von Quietschgeräuschen begleitet zu seinem Schreibtisch. Demonstrativ legte er das verpackte Geschenk für seinen Kollegen gut sichtbar auf dessen Tisch. „Guten Morgen, Herr Kollege“, schrie Prohaska mit einem Lächeln in Maiers Richtung. Der Inspektor war verwundert. „Wieso låcht der iatz auf amol? Da stimmt doch wås nit.“ Und schon kam der

Prohaska mit einem verpackten Geschenk in der Hand und einem weihnachtlichen Grinsen auf den Lippen zu ihm rüber. „Ob du's glaubst oda ned, i hab dir a Geschenk besorgt, Maierl.“ Und überreichte ihm zwei gleich große Packungen. „Schaug aus wia a Buach“, rätselte der Maier. „Dann håbn wir jå denselben Einfall ghabt, Herr Kollege. I håb a a Geschenk für di, mein Kommissar.“ Auch beim Maier zauberte sich ein weihnachtliches Lächeln in sein Gesicht.

„Na unglaublich“, freute sich der Kommissar und riss sofort die Verpackung auf. Plötzlich unterbrach er sein kindliches Verhalten und fragte mit einem Dackelblick: „I darf's eh aufreißen oda? Wir san jo nemma Mülchkinder, ned.“ Maier überlegt kurz und meinte dann: „Håsch Recht. Außerdem segn mir uns jå morgen nit.“ Ritsch, ratsch und einen Augenblick später standen sich beide mit fragendem Blick gegenüber. „Wasserfarben?“, nuschelte der Inspektor. „Jo, du malst und du host irgendwos amoi von Aquarellbilder gsogt. Und Aqua haßt Wasser, ned. I bin ja a schlauer Bursch“, rechtfertigte sich Prohaska. „Aha“, antwortete der Maier. „Hasch eh Recht.“ Nur nicht die Weihnachtsstimmung zerstören, dachte sich der Innsbrucker. „I moan, ma könnt jå im Malgschäft nachfragen, wås Aquarellfarben wirklich sein... wurscht...der Wille zählt“, sagte sich Maier. „Do is jo da Mundl auf der Box oben“, strahlte der Wiener. „Ah, a CD vom Mundl. Is des a Hörspiel?“, wollte Prohaska wissen. „Na, des isch a DVD.“

„Ah“, der Urlaut des Wieners klang nicht überzeugend und die obligatorische Frage folgte zugleich: „Wos is des?“

„Des isch so wås wia a Videokassetten. Ober als CD hålt.“

„Ah“, schon wieder der Urlaut. Und die Frage: „Wieso is es ned a Videokassetten?“
„Die gibt's heutzutag nimmer. Des sein ålles lei mehr DVD.“
„Ah.“ Pause. Frage: „Und konn i des Teil trotzdem beim Videorecorder... oda muss i ma da jetzt an CD-Player kaufn?“
„Na guate Nacht“, dachte sich der Tiroler. „Super Geschenk! Der Prohaska håt nit amol an DVD-Player.“ Und noch bevor der Inspektor eine Lösung anbieten konnte, meinte der Wiener schmollend: „Egal. I werd scho an Weg finden. Danke no amoi, echt gelungen. Der Versuch.“ Und schon hatte der Inspektor augenblicklich einen Geistesblitz: „Du kunnsch jå morgen zu mir kemmen und wir schaun den Film bei mir an. I håb an DVD-Player.“ Wieso hatte er das nur gesagt? Der Maier konnte sich selbst keinen Reim darauf machen. Wahrscheinlich hatte ihn die weihnachtliche Stimmung zu diesem Schritt animiert. Prohaska erschrak und meinte zögernd: „Jo, des wa nett. Oba du bist sicherlich ned allan. Die Verwandtschaft, oda?“
Sollte er jetzt eine ehrliche Antwort geben? Der Innsbrucker grübelte: „Na, Prohaska. I bin voll alloan. Niemand isch mir mehr geblieben. Wenn i des iatz såg, dann håt der mi des ganze nächste Jåhr am Schmäh. I hör ihn schu: ‚Du bist a arme Haut. Håst niemanden mehr...' Lieber heut an morgen denken und übermorgen zfrieden sein. Oder so ähnlich hålt.“
Und darum stotterte der Maier: „Na sicher bin i nit alloan. Mei Tante. Na, mei Schwester...also die Tante von meiner Schwester fahrt aus Mayrhofen...also ausm Stubaital ausser...oder so.“ Und ging postwendend selbst in die Offensive: „Ober, du bisch sicher alloan, oder?“

Der Gesichtsausdruck von Prohaska wandelte sich schnell. Vom fragenden Kind zum großväterlichen Grantler: „Na. Bei mia kummt...der...na, die Rosatant. Aus Schwechat fahrt s' extra mitn Zug her.“ Das klang ebenso wenig überzeugend wie die Notlüge vom Maier. Und so brach das große Schweigen für den restlichen 23. Dezember an.

„Isch schu komisch“, dachte sich der Maier am Heiligen Abend. Nur die „Licht ins Dunkel“-Sendung im Fernseher durchbrach das unbehagliche Schweigen in seiner Wohnung. „Still isch es schu. Wås kannsch da måchen? Schaug i halt an Sprung zum Würschtl Siggi. Und dann isch eh bald Schlafenszeit.“
Und Minuten später trabte der Tiroler mit weiß bedecktem Haupt vom dichten Schneefall in Richtung Würstlbude. „Då Siggi isch mei Rettung heit“, dachte sich der Innsbrucker. Als er von weitem schon den Stand sah, war außer ihm nur eine Person am Tresen auszumachen. „Då schau her. Siegsch, du bisch nit alloan Maierlein“, freute sich der Inspektor insgeheim. Doch als er dann unter dem schützenden Dach der Würstlbude stand und sich eine Bosna mit Bier bestellte, traute er seinen Ohren nicht. „Maier, du Weihnachtsmann.“
„Prohaska. Wås måchsch denn du då?“
„Des frag i mi a grod. Wos is mit deiner Schwester oda Tanten? Kummt de no?“
„Na, also...die håt den oanzigen Zug verpasst“, stotterte der Tiroler und wollte schnell von sich ablenken: „Und du? Bisch doch alloan?“
„Jo...die Rosatant steckt in Salzburg fest. Starker Schneefall und da Zug a bisserl entgleist und a ganz komplizierte Gschicht.“
„Na so a Zufall. Boade von der Familie im Stich

glassen und iatz am Würschtlstand vereint", lachte der Maier. „So is es Maierle. Oba des gibt uns endlich amoi die Chance, dass ma uns zusammen a Ottakringer in die Venen haun."
„Des klingt guat, Prohaska. Wås gibt's Schöneres, als breit in der Weihnachtszeit."
„So is es. Geh Siggi, gib uns no zwa Ottakringer oda Zipfer oda Gösser. Wos hoit do host."

Eine halbe Stunde später war die Stimmung schon leicht angeheitert. „Waaßt Maier, du bist a guter Mann, oba hoit oft a bisserl deppat", lallte der Kommissar. „Danke, Prohaska. Des isch echt a Kompliment von dir. I kånn des nur zrugggebn. Ohne dei Spürnasen, na, nix tat mehr gehen. A wenn oft viel Bledsinn redesch."
„Zu gütig Herr Maier. Übrigens: Meine Mutter hot ollawei gepflegt zu sogen: Ein Freund in der Not, is besser ois der Tod. Oda so ähnlich. Darum, Maierle, heute Nacht brauchen wir zwa a bisserl mehr als Kollegschaft."
„I fühl mi unwohl, wenn du so wås sågsch."
„Schwitz ned Maierl. I maan ja nur, dass ma heut Nacht per ‚Du' san, okay?"
„Ober per ‚Du' sein mir jå immer."
„Egal. I bin da Herbert."
„Logisch, mei Freund. I bin der Hermann."
„Herr Mann?"
„Des sågsch du immer falsch! Nix Herr Mann. Hermann. Tua nit so bled, du kennsch mein Nåmen."
„Jo eh. I sog jo, Herr Mann."
„I haaß Hermann Maier, du Depp."
„Jo klass. Da Herr Mann bist du. Oiso den Namen hob i no ni ghört. Herrmann? Komisch."
„Du sprichsch des falsch aus: Hermann, Hermann, bitte. Såg Hermann!"

„Herrrmann? Des is a komischer Name, oba es sei, wie es sei, ned."
„I hoaß wie der Hermann Maier, der Schifahrer".
„Wer is des?"
„Jå såg amol. Der Hermann Maier. A Weltstar. Der håt ålles gwonnen im Schibereich."
„Na. I schau jo ollawei nur Fußball, Herrermann, na, Herrenmann."
„Du bisch echt nit von der Welt. Kennsch du den Hermann Maier nit? Måch mi bitte nit fertig, Prohaska!"
„Ha, mir taugt des, wonn i di so am Schmäh hob. Waaßt, wos ma jetzt mochen? Jetzt haun wir uns noch ein Hülserl in die Figur, weil wir zwa des verdient hobn, Herrmann oda anfoch Maierl, ned."

Wieder eine halbe Stunde später war die Stimmung von Liebe erfüllt. „Woasch Heppy, des wår Liebe. Echte Liebe. Und i vermiss den Gemüseauflauf von der Schwetlana heut immer no", meinte der Maier mit feuchten Augen. „Waaßt die Monika hot nie erfahren, wie sehr i sie lieb. I wollt's ihr ollawei sogen, oba dann san ollawei andere Sachen dazwischenkommen. So hot sie den Ungarn gheiratet."
„Woasch die Schwetti håt a perfektes Gspür dafür ghåbt, wie viel Majoran då bei die Paprika håt reinghört."
„Und dabei bin i ma sicher, Herrenmann. Wonn i zu der Hochzeit gfahren wär, i hätt sie stoppen können."
„Es wår ålles so perfekt. Ober wie sie plötzlich an dem 1. April die Staatsbürgerschaft kriagt håt, da wår der Gemüseauflauf zum ersten Mal in sieben Jåhr versalzen. Und da håb i des gspührt. Iatz tuscht's."
„Is eh egal. Mei Mutter hot ollawei gmaant: besser

eine unglückliche ois goar keine Liebe. Oda so."
„I håb ihr des natürlich gsågt, dass es versalzen wår. Drei Tag später håt sie mi verlassen. Alles nur wegen dem Gemüseauflauf. Obwohl i heut, aus der Distanz, doch glab, dass irgendwo im hinterschten Eck bei ihr die Staatsbürgerschaft a a bisserl mitentscheidend wår. Des klingt vielleicht a bisserl übertriebn, ober wer woaß des schu."

Noch eine halbe Stunde später war die Stimmung voller Trauer. „I hob gestern no den Mundlfilm gsegn. Unten im Videoraum bei uns und …", plötzlich kullerte dem Wiener eine dicke Träne über die Wange. „Da is da Kurti gstorben."
„Welcher Kurti?"
„Jo da Kurti. Da Blahowetz Kurti. Da Hausmaster vom Mundl."
„Ober da Mundl überlebt dafür."
„Spinnst total! Da Kurti darf ned sterben."
Maier fühlte sich in diesem Moment hilflos. Und so drückte er den schluchzenden Kommissar an seine Brust. „Heppy, nimm's nit so ernscht. Des wird schu ålles guat. Mir isch es jå ganz gleich gangen wie dir iatz. Damals wo sie auf oanmal koane Pumuckl-Folgn mehr gebråcht håbn. Des wår echt schlimm, wie der Meister Eder gstorbn isch und der Pumuckl ganz alloan in der Werkstatt wår."
„Geteiltes Leid, mein Freund. Des hot gut getan. Waaßt wos, jetzt moch ma uns no a Hetz. Siggi, die Rechnung bitte."

Wenige Augenblicke später torkelten die beiden Arm in Arm über den schneebedeckten Gehsteig in Richtung Altstadt. „Der Prohaska isch doch ganz a Netter. Zumindest håt er an guten Schmäh", dachte sich der Maier. „Vielleicht liegt des ober a nur am Alkohol.“

„Jetzt geb ma Gas, Herrrmann oda wie du haßt. Pass auf, Maier“, sagte der Wiener und begann bei einem Haus heftig zu läuten. Wenige Augenblicke später schrie jemand durch die Freisprechanlage: „Sakra, du Hund. Wer leitet då denn?“

„Jo grüß Sie. Da is CSI Innsbruck, Abteilung Witz. Wos is gelb und liegt im Graben?“

„Wås, wer isch då?“

„A tote Pommes, ha.“

„Der isch super Herberti, ha“, lachte der Inspektor laut auf, während der Hausbewohner drohte: „Es Hund. I ruaf die Funkstreife. Nit amol zu Weihnachten håt ma sei Ruah.“

Die beiden Betrunkenen ließen sich von der Drohung jedoch nicht abhalten. „Wårt Herberti, iatz bin i drann. Iatz spiel i amol an Wiener.“ Gesagt, getan. „Hallo, da is da Schurli. Wos is rot und liegt auf der Straße? A totes Ketchup, ha.“

Die beiden angeheiterten Polizisten waren nicht mehr zu stoppen und terrorisierten noch drei weitere Häuser. „Herr Mann“, schrie der Kommissar und ärgerte damit den Tiroler zum wiederholten Male. „Bitte heah auf! I bin da Hermann. Iatz isch es echt nimmer luschtig!“

„Doch, wennst dei Gsicht siegst, dann scho. Jetzt pass auf. Hallo? Grüß Sie, wir san vom katholischen Bund und sucherten für unsern Pfarrer Willi neue Ministranten zum Ausgreifen, Auspeitschen und anschließend Heiligsprechen, ha.“

Als plötzlich ein Sirenengeräusch hinter den beiden zu hören war und eine Stimme fragte: „Was machen wir denn da?“

Erschrocken drehten sich die beiden um. Eine Funkstreife stand auf einmal vor ihnen und eine blonde Politesse ging auf sie zu. „Hallo, Gnädigste. Oba hallo! Ich weiß schon ganz genau, wos wir zwa machen könnten“, sülzte der Wiener, als er die blonde Politesse auf ihn zukommen sah. Inspektor Maier reagierte entsetzt: „Oh mei. Wås måch ma denn iatz?“

„Logger bleiben, da Papa regelt des schon“, meinte Prohaska augenzwinkernd. „Können Sie sich ausweisen?“, fragte die Exekutivbeamtin unfreundlich, während ihr Kollege im Auto einen Funkspruch abgab. Die beiden Männer suchten schwankend nach ihrer Geldtasche. „Jå såg amol. Hun i die iatz beim Siggi angebaut“, dachte sich der Tiroler. „Um Gottes Willen, Heppy. Die liegt beim Siggi“, raunzte der Maier. „Jo Gnädigste, de hobn ma jetzt liegen lassen im Etablissement Siggi. Oba wir zwa kennen gern umigehen und i red a bisserl über die Liebe.“

„Wie ist Ihr Name?“

„Maier. Na jetzt hob i dein Namen gsogt, Herrmann. Des is da Herrenmann, tschuldige Maier, des is da Herr Mann Maier, der Schifahrer. Und i bin da Herbert Prohaska, oba du konnst mi nennen, wie du willst, meine Sonnenblume.“

„Herbert bitte, måch koan Bledsinn.“

„Aha. Der Herbert Prohaska und der Hermann Maier stehen vor mir. Okay. Peter, die beiden haben keinen Ausweis, sind voll betrunken, geben falsche Namen an und der eine begeht sexuelle Belästigung? Was machen wir?“

„Bitte wer begeht sexuelle Belästigung. Host du wos gsogt Maier, du Ferkel. Des geht ned, Frau Inspektor. Da helf ich Ihnen sofort“, zwinkerte der Prohaska die Politesse an und ging auf die Knie. „I ergeb mi Ihrer Schönheit Gnädigste, bitte verhaftn Sie mi.“

„Geh, die zwei nehmen wir sofort mit und ab in die Ausnüchterungszelle."
„Des is super, do wor i no goar ned. Darf i bei eana schlafen, Frau Inspektor?"
„Na bitte, wir sein selber bei der Polizei, Frau Polizei. Wir sein vom Mord, i bin der Maier. Und des isch a Missverständnis."
„Ja, ja. Des können S' auf der Wache dann erzählen. Beine spreizen und die Hände an die Wand, aber schnell."
„So bitte, wer belästigt da wen, Gnädigste? Bitte, i, der Prohaska, kenne meine Rechte."

Da klickten aber schon die Handschellen und wenige Minuten darauf fiel die Türe der Ausnüchterungszelle hinter den beiden Beamten zu. „Jetzt sitz ma in da Lavatschani-Gassen", stellte der Wiener fest. „Verdammt, iatz håben mir die Ausweise beim Siggi liegen låssen. Des gibt sicher wieder an Haufen Probleme. Wås måch ma denn iatz nur, Prohaska?"
„Nix", antwortete er und legte sich auf die Matte am Boden. „Nur keine Panik auf der Titanic. Jetzt schlaf ma uns aus und morgen regel ma des. Do herinn is eh super weich. Scheiß di ned on, bis jetzt is uns ollawei no wos eingefallen. A Dealal da, a Dealal dort und schon is olles geregelt. Wir hoben jo schließlich heuer schon an Foll glöst. Oba an hob i no vor dem Einschlafen für di: Wos is grün und hupft durchn Wald?"
„Ma bitte Prohaska, iatz is es nimmer luschtig!"
„A Rudel Gurkn, ha."
„Den hasch schu erzählt."
„Na, weil: Wos is falsch an dem Bild?"
„Koa Ahnung."
„Gurken san kaane Rudeltiere, ha."

Bisherige Publikationen der pyjamaguerilleros*:

Nr. 9: *Über das Fallen.* 41 Gedichte und 1 Fragment.
Andreas Brugger
2008: Innsbruck. ISBN-Nr. 978-3-9501923-9-1

Nr. 8: *Kaiserschmarrn.* 20 absurde Kurzgeschichten und -krimis.
Thomas Schafferer, Vorwort: Christian Kössler
2008: Innsbruck. ISBN-Nr. 978-3-9501923-8-4

Nr. 7: *Lyrik Rocks.* 2-3-4 rotzfreche Tracks.
Thomas Schafferer, Vorwort: Florian Pranger (Hrsg.)
2007: Innsbruck. ISBN-Nr. 978-3-9501923-7-7

Nr. 6: *Bestialisches Innsbruck.* 12 mysteriös, düstere Kurzgeschichten.
Christian Kössler, Vorwort: Florian Pranger (Hrsg.)
2007: Innsbruck. ISBN-Nr. 978-3-9501923-6-0

Nr. 5: *Female Lyrics*, Texte über Galtür, Hopfgarten i. Br. und Galtür.
Barbara Aschenwald, Petra Maria Kraxner, Esther Strauß,
Vorwort: Barbara Hundegger
2006: Innsbruck. ISBN-Nr. 978-3-9501923-5-3

Nr. 4: *digitally remastered.* 227 Gedichte aus den Jahren 1992-2006.
Thomas Schafferer, Vorwort: Joachim Gatterer (Hrsg.)
2006: Innsbruck. ISBN-Nr. 978-3-9501923-4-6

Nr. 3: *Gott vs. Satan.* Die größten Flops (...).
Daniel Furxer, Thomas Schafferer
2003: Innsbruck. ISBN-Nr. 978-3-9501923-2-2

Nr. 2: 1. *Int. Upper-Ground-Festival.* Spectre vs. Cognac & Biskotten.
Anthologie
2003: Innsbruck. ISBN-Nr. 978-3-9501923-1-5

Nr. 1: *splitternackt.* 28 Gedichte.
Thomas Schafferer
2001: Innsbruck. ISBN-Nr. 978-3-9501923-0-8

* *Kleinverlag von Cognac & Biskotten - Dem Literaturclub mit dem Woh-Aha-Effekt - www.cobi.at*

Ein großes Dankeschön für die Unterstützung und Förderung im Rahmen des Projektes „FireStarter!“ geht an: